Little Bit of Palmistry: An Introduction to Palm Reading
Copyright © 2018 by Cassandra Eason
Cover © 2018 Sterling Publishing Co., Inc.
Todos os direitos reservados.

Tradução para a língua portuguesa
© Verena Cavalcante, 2022

Diretor Editorial
Christiano Menezes

Diretor Comercial
Chico de Assis

Diretor de MKT e Operações
Mike Ribera

Diretora de Estratégia Editorial
Raquel Moritz

Gerente Comercial
Fernando Madeira

Coordenadora de Supply Chain
Janaina Ferreira

Gerente de Marca
Arthur Moraes

Gerente Editorial
Marcia Heloisa

Editora
Nilsen Silva

Adap. Capa e Proj. Gráfico
Retina 78

Coord. de Arte
Eldon Oliveira

Coord. de Diagramação
Sergio Chaves

Designer Assistente
Ricardo Brito

Finalização
Sandro Tagliamento

Preparação
Isadora Torres

Revisão
Pamela P. C. Silva
Talita Grass
Retina Conteúdo

Impressão e Acabamento
Gráfica Santa Marta

DADOS INTERNACIONAIS DE CATALOGAÇÃO NA PUBLICAÇÃO (CIP)
Jéssica de Oliveira Molinari - CRB-8/9852

Eason, Cassandra
   Manual prático da quiromancia / Cassandra Eason; tradução de Verena
Cavalcante. — Rio de Janeiro : DarkSide Books, 2022.
   128 p.

   ISBN: 978-65-5598-214-5
   Título original: Little Bit of Palmistry

   1. Quiromancia I. Título II. Cavalcante, Verena

22-1235   CDD 133.6

Índice para catálogo sistemático:
1. Quiromancia

[2022, 2023]
Todos os direitos desta edição reservados à
DarkSide® Entretenimento LTDA.
Rua General Roca, 935/504 — Tijuca
20521-071 — Rio de Janeiro — RJ — Brasil
www.darksidebooks.com

MAGICAE APRESENTA

MANUAL PRÁTICO DA
QUIROMANCIA

CASSANDRA EASON

TRADUÇÃO VERENA CAVALCANTE

DARKSIDE

MANUAL PRÁTICO DA
QUIROMANCIA

SUMÁRIO

INTRODUÇÃO:
O QUE É QUIROMANCIA? 7

1 **AS LINHAS DO CORAÇÃO E DA CABEÇA** 16

2 **AS LINHAS DA VIDA E DO DESTINO** 32

3 **LINHAS AUXILIARES E OUTRAS ÁREAS IMPORTANTES** 48

4 **OS MONTES** 62

5 **OS DEDOS** 80

6 **AS DIFERENTES MARCAS NAS PALMAS** 96

7 **UMA LEITURA DE MÃOS DETALHADA** 110

ÍNDICE REMISSIVO 124
SOBRE A AUTORA 127

MANUAL PRÁTICO DA
QUIROMANCIA

INTRODUÇÃO:
O QUE É QUIROMANCIA?

A quiromancia é provavelmente o método mais divertido, simples e empolgante de adivinhação. Contudo, a maioria dos livros sobre o tema costuma ser abandonada pelos leitores no meio do caminho por causa de sua complexidade, uma vez que, aparentemente, há centenas de regras que você precisa aprender para realizar a leitura de mãos.

Ainda assim, é possível aprender quiromancia básica, simples e precisa em um tempo relativamente curto e utilizando pouquíssimas regras, a maioria delas provinda do bom senso. Por isso, neste livro, optei por concentrar tudo que há de essencial, o estritamente necessário para efetuar leituras eficazes sem destruir a espontaneidade da prática. Ora, pense na quiromancia como uma arte psíquica com a qual você se conectará à psique de um indivíduo por meio das palmas das mãos dele, utilizando aquilo que conhecemos como *psicometria*[*] ou *toque psíquico*.

---

[*] O conceito de psicometria abordado neste livro é diferente do conceito de psicometria da psicologia. Na psicologia, a psicometria se refere a um grupo de técnicas utilizadas — com ajuda das ciências exatas — para classificar tipos diferentes de comportamentos. (As notas são da tradutora.)

Praticaremos essa abordagem intuitiva no primeiro capítulo e, no decorrer do livro, aprenderemos a usá-la mais profundamente, já que é possível combinar a intuição com o conhecimento dos significados tradicionais das linhas e das marcas das palmas. Dessa forma, enxerga-se o quadro geral, com todos os seus aspectos, e não apenas aqueles baseados em sinais físicos.

O PODER DO TOQUE

Se você observar, notará que pessoas que se amam romanticamente, e também pais e filhos, costumam andar sempre de mãos dadas. Nós também utilizamos nossas mãos para acalmarmos outras pessoas em momentos de angústia, tocando-as gentilmente para fazer uma conexão amigável inicial com alguém novo, ou para dedicar um aperto de mãos a quem conhecemos apenas formalmente. Com esse gesto, costumamos determinar nosso nível de confiança na pessoa conforme nossos campos energéticos se fundem. A quiromancia envolve essa combinação de auras, ou campos energéticos, do vidente e do consulente.

Use a quiromancia, por exemplo, para descobrir o potencial de seus filhos (crianças ou adolescentes); para dar uma festa divertida de leitura de mãos para os amigos (mais detalhes sobre isso no capítulo 7); para buscar compatibilidades entre você e a pessoa amada ao longo do relacionamento; e para responder a questionamentos e dilemas envolvendo você mesma e outras pessoas por meio da descoberta de talentos, oportunidades e desafios revelados com a leitura de mãos.

COMO COMEÇAR

Ainda que ambas as mãos possam ser lidas, alguns adivinhos, especialmente se o tempo da sessão for curto, costumam focar na mão dominante, a que usamos para escrever, conhecida na quiromancia como *mão ativa*. Uma única mão é capaz de mostrar oportunidades e desafios — tanto no presente quanto no futuro —, ajudando o consulente a tomar decisões bem fundamentadas.

A mão não dominante, por sua vez, é conhecida como *mão passiva* e reflete suas aptidões, seus talentos naturais e suas fraquezas, além das coisas que você deseja fazer a longo prazo e que pretende realizar no futuro. Em contrapartida, a mão ativa costuma revelar suas ações e planejamentos futuros de curto prazo.

Faça um teste; segure a mão passiva de um amigo de confiança, ou de um membro da família, utilizando sua mão ativa — palma com palma — por um ou dois minutos, caso não seja incomodado por ninguém. Esse contato tátil, firme, mas gentil, é a essência do que há de melhor na leitura de mãos, pois é aqui que as conexões telepáticas e intuitivas são feitas. Após esse primeiro passo, coloque a mão passiva do seu consulente sobre uma mesa, com a palma voltada para cima.

Com calma e gentileza, passe sua mão ativa, voltada para baixo e com os dedos curvados, alguns centímetros acima da palma da mão passiva do indivíduo. Primeiramente, mova-a em círculos sobre toda a palma e, caso a ligação não seja tão forte, aproxime sua mão de forma a quase tocar a mão do consulente. *Sinta* as áreas em que há energias fortes e pontuais, áreas que pareçam mortas ou bloqueadas, e lugares onde as energias pareçam ameaçadoras e frenéticas. Nesse momento, é possível visualizar imagens, ouvir palavras ou apenas receber diferentes impressões em sua mente.

Agora mova o dedo indicador gentilmente sobre as linhas e montes da mão do seu consulente e sinta as energias já referidas. No início do capítulo 1, você encontrará um diagrama mostrando os nomes de cada uma dessas linhas, mas, ao menos nesse estágio inicial, talvez você prefira descobrir por conta própria, seguindo suas sensações antes de permitir que o conhecimento entre em seu caminho.

Aproveite e desenhe diagramas para marcar as energias encontradas criando sua própria estenografia, por exemplo: uma linha ondulada para indicar fluxo natural de energias; linhas retas, pálidas e falhadas para marcar energias bloqueadas; e ziguezagues escuros para se referir a energias hostis demais.

Após ter avaliado a mão passiva, mude de mão, vá para a mão ativa, segurando-a por um minuto ou dois, e depois colocando-a sobre a mesa enquanto utiliza a sua própria mão ativa para avaliar as energias.

A seguir, compare as duas mãos, registrando tudo que você sentiu. Depois, discuta todas essas questões com o consulente, a fim de que, em conjunto, vocês possam montar um quebra-cabeças dos significados.

Coloque a data e armazene sua cópia da mão para que posteriormente — tendo aprendido os significados convencionais da leitura de mãos com os capítulos subsequentes do livro — você possa reexaminá-la. Você encontrará similaridades notáveis nos resultados. (É claro que, se você o fizer com mais de três meses de distância a partir da primeira consulta, ou se coisas grandiosas tiverem ocorrido na vida do indivíduo, as energias podem estar um pouco diferentes.)

AUTOANÁLISE CONTÍNUA

A melhor forma de estudar a leitura de mãos é consigo mesma, uma vez que, após a leitura de cada capítulo, você pode se dedicar a desenhar os seus próprios diagramas.

Para começar, faça uma leitura intuitiva de suas palmas, como exposto anteriormente, usando a mão ativa para avaliar a mão passiva, e a mão passiva para analisar a mão ativa. Outra vez, lembre-se de marcar a data e de guardar essas interpretações. Ao percorrer os capítulos, você aprenderá os significados formais de determinados tipos de linhas ou de marcas; não se esqueça de desenhá-los no diagrama das suas mãos. Ao terminar o livro, você terá uma figura bastante clara em mente.

DO QUE VOCÊ PRECISA PARA SE INICIAR NA QUIROMANCIA

Por incrível que pareça, você não precisa de nada — ou quase nada. Com o tempo, sempre que encontrar alguém, seja no trabalho ou socialmente, você será capaz de fazer a leitura de mãos quase instantaneamente. Até mesmo as do operador de caixa do supermercado no momento em que estiver passando suas compras!

Contudo, ao estudar as palmas das mãos em detalhe, sobretudo em áreas que estejam mais apagadas, pode ser bastante útil acentuá-las com um pouco de talco em pó. Ao jogar um pouco dele sobre as palmas, você conseguirá discernir as linhas, as marcas, os montes e mesmo as batidas e as cicatrizes com mais nitidez.

Outra opção ao estudar a quiromancia é utilizar uma lente de aumento ou uma fotografia impressa das mãos de alguém. Caso esteja com pressa, você também pode usar uma caneta ou marcador para destacar as linhas das mãos ou marcas presentes nas palmas. Uma alternativa é usar tinta. Embora isso possa causar certa bagunça, algumas pessoas costumam mergulhar as mãos em uma bandeja de tinta lavável — azul ou vermelha — e então esfregar um rolo de pintura nas palmas das mãos para espalhar bem a tintura antes de pressioná-las contra um papel.

DESMISTIFICANDO A QUIROMANCIA

A quiromancia é uma arte imersa em opiniões divergentes e não segue um conjunto inflexível de regras; ou seja, se, intuitivamente, ao ler uma determinada área ou linha da mão, você interpretar um significado de forma diferente do encontrado em livros ou outras fontes, confie em si mesma.

Você aperfeiçoará seus métodos com a experiência, pois a leitura de mãos é uma arte na qual somente a prática lhe trará confiança, principalmente assim que começar a notar certos padrões recorrentes na leitura de diferentes palmas, ainda que — e isso fica claro por meio das impressões digitais — não existam mãos iguais.

Além disso, as linhas presentes nas mãos podem mudar dentro de poucos meses, em especial se algum conselho dado em uma leitura prévia for seguido; marcas, por outro lado, podem sumir em poucas semanas ou dias, principalmente as que são causadas por estresse. Por exemplo, se alguém tiver um grande número de pequenas linhas em ambas as mãos que estejam voltadas para posições diferentes e não pareçam se encaixar em nenhuma das posições costumeiramente aceitas, você pode ter certeza de que se tratam de "linhas de ansiedade", e que a pessoa que as exibe está preocupada com uma questão específica ou então sofre de grande estresse, podendo precisar não apenas da adivinhação, mas também de aconselhamento terapêutico.

Em breve, você notará as relações entre as linhas e as marcas que se interseccionam, que se fundem ou que se sobrepõem. A maioria das informações presentes nos livros sobre o assunto é baseada apenas no bom senso.

Sendo assim, a chave para uma leitura bem-sucedida é só relaxar e confiar naquilo que estiver sentindo. As linhas e as marcas nas palmas servem ao mesmo propósito que uma carta de tarô, um cristal ou uma runa; todas elas têm significado. E, claro, você pode optar por realizar outros métodos divinatórios enquanto estiver lendo mãos a fim de confirmar e elaborar suas descobertas.

A mão é uma porta de entrada para a alma, ela é muito mais que a informação vista nessas marcas externas, ainda que esta seja certamente a parte vital de uma leitura de mãos integrada. No que diz respeito a outras formas de adivinhação, lembre-se sempre de que o consulente não está sujeito a um destino fixo; mas, caso ele seja direcionado a uma ação em vez de outra, isso se refletirá em marcas e linhas que se alterarão, ainda que tal situação ocorra apenas meses ou anos depois.

DIFERENÇAS ENTRE AS MÃOS

Como já foi dito, as linhas presentes na mão não dominante, ou passiva, revelam potenciais naturais que se desvelam durante a vida, nossos talentos, nossa personalidade em essência, nossos pensamentos e nossos sonhos.

As linhas na mão dominante, ou mão ativa, contudo, desvelam o Eu adquirido, formado pelas circunstâncias, pelas pessoas que encontramos na estrada da vida, pelo destino presente que reflete situações e oportunidades que tenham sido aceitas ou rejeitadas. A mão ativa também pode conter elementos do passado que não tenham sido solucionados. Caso se trate de alguém mais velho, é possível notar que essas questões do passado são representadas por linhas partidas, cruzes ou marcas semelhantes a grades próximas do começo ou do meio da linha apropriada na mão ativa. Por exemplo: ao se tratar do término de um relacionamento com filhos. Ao realizar a leitura de mãos, passando os dedos sobre a área específica do relacionamento, você sentirá que ela está bloqueada ou até mesmo morta. A seguir, há um capítulo no livro que trata especificamente de marcas importantes nas mãos que estão sempre sujeitas à mudança.

Caso o consulente seja canhoto, sua mão direita será a mão passiva e, por isso, a mão dos talentos. Essa mão nunca será estática, porque nossos potenciais nunca estão inertes, mas sendo continuamente descobertos em diferentes estágios da vida. Ainda assim, a mão esquerda não é capaz de refletir todas as possibilidades presentes na vida do indivíduo, refletindo meramente o que está presente naquele capítulo específico da vida e as possibilidades que estejam se formando no horizonte do porvir. Por isso, a mão passiva é a mão mais profética das duas, e deve ser lida antes (minha escolha) da mão ativa para observação de ações e escolhas em andamento. Sempre compare as duas mãos para ter a visão completa.

ESCREVENDO UM DIÁRIO DE QUIROMANCIA

Manter um diário de quiromancia é um ótimo método de registrar tudo aquilo que você encontrar ao observar as palmas das suas próprias mãos, ao estudar este livro e ao realizar leituras para outras pessoas. Sempre marque cada uma das palmas em diagramas nos quais você pode desenhar ou anexar ao seu diário, acrescentando tudo aquilo que sua intuição perceber. Use um fichário onde possa acrescentar, retirar ou dividir páginas, dando aos seus consulentes cópias de suas próprias mãos para analisarem durante as sessões em andamento.

Inicialmente, trabalhe somente com amigos, familiares ou para si mesma, pois a quiromancia não é apenas uma excelente ferramenta de diagnóstico, como também uma ótima forma de monitorar os caminhos da vida. Pessoas mais jovens, como adolescentes ou jovens adultos que estejam por volta dos vinte anos de idade, costumam sofrer mudanças abruptas e se beneficiarão de leituras que ocorram uma vez a cada três meses ou sempre que passarem por algum acontecimento marcante.

TORNANDO-SE UMA ESPECIALISTA

Assim que se sentir confiante acerca dos significados básicos das linhas, pratique o tanto quanto puder com o máximo de consulentes possíveis: família, crianças, adolescentes, anciãos e pessoas apaixonadas. Quanto mais distintos forem os indivíduos, melhor. Você descobrirá rapidamente que, assim que ouvirem sobre sua habilidade na antiga arte da leitura de mãos, seus colegas de trabalho, amigos, ou qualquer outra pessoa que souber sobre sua prática divinatória vão se aproximar de você com problemas a serem resolvidos. Quando se sentir confiante com os resultados — algo que só pode ser alcançado por meio do feedback durante e após as leituras —, será possível cobrar pequenos valores pelas consultas e, principalmente, se isso soar artificial para você e ainda que as pessoas tendam a valorizar mais aquilo pelo que pagam, é sempre possível doar o dinheiro para a caridade.

Se você aderir ao método da fotografia impressa (também é possível instalar programas de computador que convertam fotos em desenhos), aproveite para anexar as imagens, com nome e data, ao seu diário e fazer anotações sobre a sessão de leitura junto a elas.

Se estiver lendo mãos diretamente, desenhe as palmas no seu diário, como sugerido anteriormente.

1
As Linhas do Coração e da Cabeça

MANUAL PRÁTICO DA
QUIROMANCIA

A S ÁREAS E LINHAS DAS MÃOS INFORMAM SOBRE questões antigas que costumam fazer parte de toda busca divinatória: amor, sucesso, saúde, família, dinheiro e felicidade.

Duas das linhas mais importantes e mais fáceis de serem identificadas na mão — linhas que retratam nosso passado, presente, futuro e escolhas — são as linhas do coração e da cabeça. Você já deve ter sentido as energias dessas duas linhas ao passar os dedos sobre elas, pois são as linhas horizontais, posicionadas na parte superior, que atravessam as palmas de ambas as mãos. Ao longo dessas linhas, é possível notar pontos de bloqueio ou explosões súbitas de energia.

A linha do coração, a primeira de cima para baixo, deve ser lida da *esquerda para a direita* na mão ativa. A linha da cabeça deve ser lida da *direita para a esquerda* na mão ativa. Na mão passiva, a linha do coração deve ser lida da *direita para a esquerda*, enquanto a linha da cabeça deve ser lida da *esquerda para a direita*.

INFORMAÇÕES GERAIS SOBRE AS LINHAS PRESENTES NAS PALMAS DAS MÃOS

Todas as linhas, ou rugas, presentes nas palmas das mãos representam caminhos que estão sendo (ou podem ser) trilhados ao longo da vida. Os montes — relevos macios ao redor ou próximos dos dedos ilustrados no diagrama a seguir — indicam características que podem se desenvolver de forma positiva ou negativa, podendo, também, ser revelados nas linhas do coração e da cabeça. Ao fazer suas leituras, perceba se tais linhas se iniciam, unem-se, cruzam ou terminam em algum desses montes, pois isso é mais um sinal de influência.

Na verdade, há quatro linhas principais nas mãos. São as linhas do *coração*, da *cabeça*, da *vida* e do *destino*. As quatro linhas juntas dão uma imagem detalhada da vida de alguém: as qualidades, os talentos, as escolhas de vida e a interação entre os aspectos físicos, emocionais, intelectuais e espirituais. O ideal seria que todas essas linhas fossem bastante claras, bem demarcadas e profundas. O que nem sempre é o caso.

Se você aprender a ler apenas as quatro linhas principais, já saberá ler mãos de forma bastante satisfatória. Sendo assim, usando seu conhecimento e o método intuitivo de conexão às energias das mãos, você será capaz de fazer leituras detalhadas quase instantaneamente.

Agora, ao iniciar a aprendizagem das características das linhas do coração e da cabeça, marque ou anote tudo que se aplicar às suas próprias linhas. Quando tiver aprendido todos os significados, desenhe suas próprias linhas nos diagramas que você fez, como orientado na introdução deste livro. Ao explorar as próprias linhas do coração e da cabeça, observe especialmente as diferenças entre as linhas da sua mão passiva e a forma como elas se desenvolvem na sua mão ativa.

É importante dizer que algumas palmas só têm três linhas (do coração, da cabeça e da vida), e outras têm apenas duas. *A prega simiesca*, por outro lado, ocorre quando as linhas do coração e da cabeça formam uma única linha, o que pode significar que esta pessoa sofre de um excesso de emoções, ou, o contrário, de uma frieza incapacitante.

Algumas pessoas têm poucas linhas na mão ativa (é possível que tenham mais linhas na mão passiva), apresentando apenas as do coração e da cabeça, sem ramificações ou outras marcas significativas. Essas pessoas costumam ser bastante reservadas, não gostam de participar de eventos, não revelam suas emoções e enxergam a vida como se tudo fosse preto no branco.

Geralmente, quanto menos linhas alguém tiver, mais fácil e menos estressante costuma ser a vida dessa pessoa. Portanto, pode haver menos motivos para operar mudanças e tomar atitudes, já que são os nossos desafios que nos impelem a mudar. A maioria das linhas das mãos são causadas por preocupação, por isso elas são transitórias. Na quiromancia, o ideal é encontrar um equilíbrio entre linhas demais e linhas de menos.

Cada pessoa é única, uma fraqueza aparente em uma área específica pode ser compensada pela força de outra área. No todo, entretanto, linhas superficiais na mão ativa tendem a indicar o desejo de não se envolver demais com o amor ou com a vida, enquanto linhas profundas demonstram paixão pela área específica a qual esta linha se refere.

Por exemplo, uma linha da cabeça bastante demarcada e funda pode indicar amor pela aprendizagem, especialmente se a linha da vida também for profunda e muito definida.

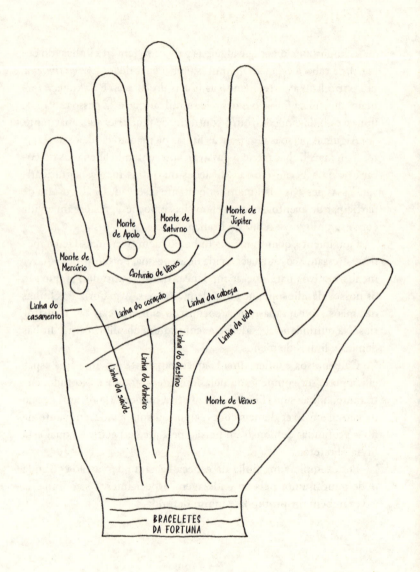

A LINHA DO CORAÇÃO

Para começar, observe a sua própria linha do coração usando uma lente de aumento ou outro método que possibilite perceber onde ela se inicia na palma, como se curva, quando termina, sua grossura e profundidade, ou se tem algumas falhas.

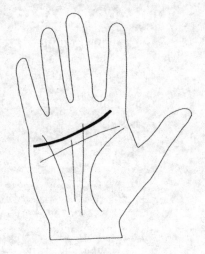

A linha do coração, a primeira ser estudada quando nos iniciamos na arte da quiromancia, revela informações sobre nosso estado emocional, nossos relacionamentos, tudo que amamos, nosso potencial de evolução como seres humanos, a forma como nos sentimos com relação a nós mesmos, com os outros, com a vida, com o espírito e nossos sentimentos internos sobre nosso lugar no mundo.

A linha do coração se inicia ao redor do monte de Mercúrio, no canto da palma, abaixo do dedo mínimo, atravessando a mão até o monte de Júpiter, *da esquerda para a direita na mão ativa*, e terminando ou próxima da base dos dois primeiros dedos ou, mais comumente, entre eles.

Ela é a linha mais alta da mão, e cruza a palma debaixo dos dedos, tendo a linha da cabeça logo abaixo de si. Se a linha do coração estiver muito próxima dos dedos, isso pode indicar que essa pessoa reprime suas emoções mais do que o faria alguém com uma linha do coração mais baixa. É muito raro encontrar uma linha do coração que seja lisa e fluida do início ao fim.

No capítulo 5, aprenderemos mais sobre o significado de todas as marcas das palmas para que você as estude mais profundamente. Se encontrar uma marca específica que a deixe intrigada, avance no livro para descobrir mais sobre ela ou pressione o seu indicador contra a marca e tente sentir se ela representa uma experiência de aprendizado positiva ou se é algo a ser deixado de lado.

LINHA DO CORAÇÃO - DIFERENTES FORMATOS

- **Se a linha for nítida e profunda:** indicativo de profundidade emocional, sintonia com os próprios sentimentos, preocupação com os problemas e as necessidades dos outros.

- **Se a linha for curva no final:** uma pessoa que tem a habilidade de expressar os próprios sentimentos e necessidades com confiança.

- **Se a linha for reta até o final:** alguém que se machuca facilmente, precisa de afeição e aprovação constante.

- **Se a linha for fragmentada ou granulosa:** reflete sensualidade ou um relacionamento especialmente apaixonado.

- **Se a linha for fraca, reta e larga:** sentimentalismo ou, o que é mais provável, tranquilidade nas emoções.

- **Se a linha tiver falhas consistentes ou diversas ramificações:** para essas pessoas, os sentimentos costumam ser muito intensos no início, inclusive nas relações de amizade, mas eles não duram muito tempo; há uma tendência de arrefecimento quando o idealismo passa a ser substituído pela realidade.

- **Se a linha for próxima à base dos dedos, com um espaço maior entre ela e a linha da cabeça:** alguém indiferente e frio nos relacionamentos e interações sociais.

- **Se a linha tocar o monte de Júpiter diretamente ou parecer vir dele:** alguém altruísta e generoso em todo e qualquer relacionamento.

- **Se a linha atravessar o monte de Júpiter e chegar até o dedo:** alguém que deseja controlar as relações e os parceiros e é bastante preconceituoso ao escolher seus interesses amorosos

- **Se a linha terminar no monte de Saturno:** felicidade no amor; alguém que, ao se depara com obstáculos nos relacionamentos, é paciente e está sempre determinado a encontrar uma solução.
- **Se a linha for próxima demais ao dedo de Saturno (dedo logo acima do monte de Saturno):** alguém para quem o amor e a aparência física são extremamente importantes.
- **Se a linha do coração encostar na linha da vida:** alguém sensível demais, o que pode tornar o amor sufocante ou possessivo.
- **Se a linha for reta e paralela à linha da vida:** estabilidade emocional.
- **Se linhas excessivas cortarem a linha do coração:** trauma emocional.
- **Se a linha for longa e reta (terminando debaixo do dedo indicador):** alguém com capacidade de demonstrar empatia e se preocupar com os sentimentos alheios.
- **Se a linha for longa demais e atravessar a palma de um lado a outro:** alguém que sofre de dependência emocional do companheiro, da família ou dos amigos.
- **Se a linha estiver apagada:** alguém que está sofrendo bullying, sendo dominado por outra pessoa ou tem um campo energético delicado demais.
- **Se a linha for curta e reta (terminando entre o indicador e o dedo médio):** alguém pouco romântico, que demonstra amor por meio de ações e não de palavras.
- **Se a linha for curva e longa (chegando à base do dedo médio):** alguém que obedece aos seus desejos, impulsos românticos e paixões.

- **Se a linha estiver dividida em dois:** alguém que sempre coloca as necessidades do outro acima das próprias.
- **Se a linha for similar à do parceiro amoroso:** um indicativo de compatibilidade amorosa.
- **Se a linha se dividir em três, formando um tridente:** sorte no amor e na vida.
- **Se a linha terminar entre o primeiro e o segundo dedo:** relacionamentos equilibrados.
- **Se a linha estiver próxima demais do cinturão de Vênus (veja o diagrama exibido anteriormente):** alguém profundamente sensual com intensa necessidade de intimidade física.
- **Se a linha se parecer com elos de correntes:** alguém que esteja em mais de um relacionamento amoroso ao mesmo tempo, passando por emoções conflituosas e, às vezes, atravessando assuntos inacabados de origem cármica.

A LINHA DA CABEÇA

A linha da cabeça é a que percorre a palma da lateral da mão a partir do polegar e do dedo indicador até a área próxima ao dedo mínimo, *da direita para a esquerda na mão ativa*, abaixo da linha do coração. A forma como ela se conecta com outras marcas, montes e linhas é algo de grande influência. Ela é sempre a segunda linha a ser estudada em uma leitura de mãos.

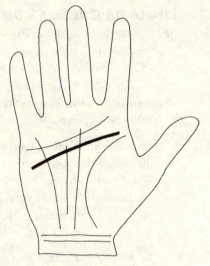

É importante saber que as linhas do coração e da cabeça se iniciam em lados opostos da mão. A linha da cabeça pode ter diversos pontos de início, como dentro da linha da vida, cujas energias reforçam uma determinação natural na pessoa que exibe tal configuração. Outra possibilidade é a de que ela se inicie no monte de Júpiter, o que pode indicar alguém de grande autoridade e sabedoria, ou alguém extremamente egoísta.

A linha da cabeça demonstra como nossos pensamentos e intelecto se manifestam em nossa vida; nossa postura lógica e racional de lidar com o mundo e com aqueles ao nosso redor; e no que pensamos, em oposição ao que sentimos; a nossa persona exterior, a maneira como nos mostramos ao mundo. Preste bastante atenção em quaisquer paralelos que encontre entre as linhas do coração e da cabeça, por exemplo, se notar que uma delas se esvanece ou é cruzada por linhas na mesma parte da mão em que a outra se torna mais nítida e profunda.

LINHA DA CABEÇA - DIFERENTES FORMATOS

Se as linhas do coração e da cabeça estiverem próximas demais, isso pode ser um indicativo de um conflito entre o coração e a mente. Caso a linha do coração esteja unida à linha da cabeça, pode ser uma sugestão de que os relacionamentos amorosos nos quais essa pessoa se envolver poderão sofrer por questões exteriores relacionadas a trabalho ou interesses prioritários.

- **Se a linha da cabeça tocar a linha da vida no início:** um indicativo de alguém cuidadoso que sempre pensa antes de agir. Quando há um espaço entre o início da linha da cabeça e o início da linha da vida, essa pessoa é independente e impulsiva; quanto maior o vão, mais impulsiva, independente e sincera essa pessoa será.

- **Se a linha for alta e não começar na linha da vida ou sequer encontrá-la:** alguém que é independente desde o nascimento, tem suas próprias ideias, e pode sofrer um rompimento familiar, o que não é um problema, pois essa pessoa é mais feliz com dados e fatos do que com outras pessoas.

- **Se a linha for próxima demais do polegar ou unida à linha da vida:** alguém cauteloso, de pensamento conservador, sempre voltado para questões familiares, que possa trabalhar não só no lar, mas também em empreendimentos voltados para a família.

- **Se a linha se iniciar abaixo da linha da vida:** alguém tímido desde a infância, talvez um pai ou mãe ausente, em constante posição de defensiva — tanto no trabalho quanto na vida social — para esconder as próprias inseguranças.

- **Se a linha for longa e bem definida:** alguém justo e idealista.

- **Se a linha for longa e se curvar ligeiramente na direção do dedo mínimo:** múltiplos interesses e uma mente aberta para aprender coisas novas.

- **Se a linha da cabeça for ondulada:** alguém facilmente influenciável que pode ter dificuldade em tomar decisões.
- **Se a linha for profunda:** alguém com facilidade de concentração e memorização.
- **Se a linha for muito bem definida:** alguém inteligente e imaginativo, lógico e determinado, mas, e isso é algo menos positivo, que pode ser cruel às vezes.
- **Se a linha for curta (terminando próxima ao centro da palma da mão):** alguém de pensamento rápido e capacidade ilimitada de aprender, podendo até ser impaciente ao lidar com o ensino na forma tradicional.
- **Se a linha for fraca e curta:** timidez e reserva na carreira e nas interações sociais.
- **Se a linha for fraca:** as habilidades intelectuais não estão sendo utilizadas de acordo com o potencial.
- **Se a linha for reta:** uma pessoa racional, prática, com uma abordagem "pé no chão"; caso a linha se estenda até o dedo mínimo, alguém que tende a analisar todas as situações e acaba pensando demais.
- **Se a linha se curvar na direção do pulso:** alguém com uma abordagem imaginativa de viver a vida, muito criativo, com talento para encontrar soluções alternativas.
- **Se a linha for muito comprida:** alguém com dom para artes criativas (no capítulo 4, falaremos sobre a linha de Apolo, que tem relação com essa característica), mas também muito sincero.
- **Se a linha da cabeça for bifurcada no final:** esta é a marca do escritor e do comunicador.

- **Se a linha tiver uma ramificação voltada para cima em qualquer parte de sua extensão:** alguém com talento para fazer dinheiro e ótimo na arte das apostas.

- **Se a linha tiver uma ramificação que conecte as linhas da cabeça com as do coração:** alguém confuso, cujas emoções sobrepujam o bom senso.

- **Se a linha tiver uma inclinação distinta no final:** alguém passando por necessidades materiais.

- **Se a linha estiver dividida:** alguém com a habilidade de enxergar os dois lados da moeda, ou alguém que esteja sempre em cima do muro.

- **Se a linha estiver falhada:** o indicativo de que muitas opções não foram seguidas; mudanças nunca devem ser feitas por tédio ou sentimentos de inquietação.

- **Se a linha começar no monte de Júpiter:** alguém que segue suas ambições; se tiver seguido o caminho certo, um ótimo instrutor ou professor.

- **Se a linha seguir reta por toda a palma:** alguém prático, persistente e com uma ótima visão para os negócios.

- **Se a linha se aprofundar na direção do dedo mínimo (e do chamado monte da Lua, do qual falaremos mais adiante):** alguém muito autoindulgente; se a linha estiver muito próxima do monte da Lua, sinal de que se trata de um sonhador.

- **Se a linha da cabeça for dupla:** indicativo de que a pessoa é um gênio ou um trapaceiro — ou as duas coisas.

LINHA TEMPORAL

Há algumas opiniões conflituosas sobre a linha temporal presente na mão ativa, por isso, o método mais simples de percebê-la é dividindo as linhas da cabeça e do coração em dois. A primeira metade da linha da cabeça na mão ativa, portanto, começa na lateral da mão e termina debaixo do dedo de Saturno, representando as idades de zero a quarenta anos. A segunda metade, por sua vez, mostraria a idade dos quarenta até o fim da vida, de período indefinido.

Outro método possível é o de utilizar a linha do destino, caso ela esteja nítida na sua mão ativa. Aos 35, geralmente, a linha do destino alcança a linha da cabeça. Aos 49, ela chega até a linha do coração e, quando a ultrapassa, demarca o restante da vida. Não há como medir a longevidade com nenhuma linha ou medida, e não acredito que qualquer médium ou clarividente possa (ou deva) saber a data da morte de alguém — nem a própria partida e muito menos a de terceiros. Dito isso, muito sofrimento é causado por pessoas irresponsáveis que se julgam capazes de predizerem a morte de outras pessoas apenas para satisfazerem os próprios egos.

Lembre-se, contudo, de que se você tem uma questão que já foi resolvida alguns anos atrás, ela pode ter sumido parcialmente da sua mão; então, caso esteja pretendendo prever o futuro, a função mais útil da quiromancia, observe com atenção quando novas linhas começarem a se tornar mais suaves ou mais profundas, formando paralelos ou se sobrepondo, principalmente quando tiverem relação com questões de amor ou independência.

TRABALHANDO COM AS LINHAS DO CORAÇÃO E DA CABEÇA

Quando tiver desenhado suas próprias linhas no diagrama, tente estudar pelo menos outras dez linhas do coração e da cabeça. Procure pessoas que não conheça muito bem, talvez no ambiente de trabalho ou em eventos sociais, e, se possível, toque as palmas das mãos delas, a fim de que você possa registrar suas sensações.

Isso não é tão difícil quanto parece. Se você for perspicaz, encontrará várias ocasiões para observar as palmas das mãos de outras pessoas por pelo menos um minuto ou dois.

Se conseguir visualizar as duas mãos, melhor ainda! Faça anotações e, em seguida, copie-as em uma folha do seu diário. Então, com ajuda das listas descritas anteriormente, marque as características que encontrar. Se puder fazer perguntas casuais, você conseguirá determinar a precisão das suas observações. Não esqueça: as pessoas nem sempre dizem a verdade sobre suas próprias vidas.

A seguir, estude as linhas do coração e da cabeça daquele de quem estiver estudando as mãos desde a introdução deste livro e compare-as com as novas informações que você descobriu neste capítulo, desenhando nos diagramas com a ajuda de sua leitura intuitiva.

Se possível, desenhe algumas das combinações de linhas listadas nas páginas anteriores e crie pessoas imaginárias baseadas nessas diferentes linhas do coração e da cabeça. Preste muita atenção a esses diferentes tipos de combinações, tente sempre dar breves olhadas nas mãos de todos aqueles que encontrar em eventos sociais, viagens ou no ambiente de trabalho. Com a prática, você logo perceberá padrões que facilitarão a sua leitura.

2

As Linhas da Vida e do Destino

MANUAL PRÁTICO DA
QUIROMANCIA

Assim que você tiver aprendido a ler as linhas da vida e do destino, você já estará realizando ótimas leituras, principalmente se combinadas com o método intuitivo. O objetivo principal da quiromancia é responder aos questionamentos das pessoas sobre suas próprias vidas, por isso, é muito importante ler tanto a mão ativa quanto a mão passiva a fim de acessar todos os pontos fortes e todo o potencial existente para realizar sonhos e superar obstáculos.

Sempre que encontrar fraquezas ou pontos negativos em uma linha — ou outras áreas da palma em leituras futuras —, tente combiná-las com um ponto forte que tenha sido revelado em outro local para que possa sugerir um bom caminho a ser seguido. Em essência, a quiromancia é um diálogo, uma troca, na qual o consulente pode ver, por si mesmo, como interpretar o mapa das suas mãos, notando como o passado e o presente podem ser usados para revelar talentos e pontos fortes que estejam escondidos.

A LINHA DA VIDA E A LINHA DO DESTINO

A linha da vida reflete a força vital que atravessa a todos nós. Ela não revela o quanto viveremos, independentemente de seu comprimento, mas trata da paixão com que levamos a vida, o nosso prazer de viver e a nossa energia física. Se encontrarmos falhas ou partes fracas presentes na linha, isso pode ser um indicativo de que a pessoa está sem energia, sem entusiasmo, ou que não esteja fazendo uso de seus potenciais — estampados nas linhas do coração e da cabeça — ao máximo.

A linha do destino, por sua vez, mostra se você está no controle do próprio destino. Ao estudá-la, você pode descobrir que talvez seja o momento de tomar as rédeas de seu futuro, principalmente se sentir que é uma pessoa facilmente influenciada por outras. A linha do destino também expressa um senso de propósito sobre a vida e a importância de se tornar bem-sucedido ou optar por uma abordagem mais livre.

O diagrama ao lado a ajudará na identificação das linhas da vida e do destino e quais posição elas assumem em relação às principais linhas da palma das mãos.

Quando descobrir essas duas linhas nas próprias mãos, você pode marcá-las no diagrama onde está fazendo suas anotações e ver como essas quatro linhas (coração, cabeça, vida, destino) interagem: qual é a mais proeminente e nítida, qual é a mais fraca e apagada. Não se

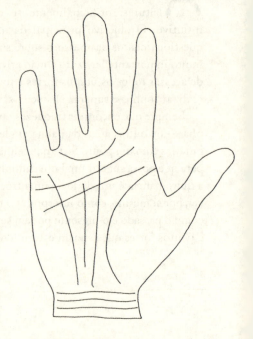

preocupe se a sua linha do destino não parecer visível ou se começar a aparecer apenas da metade da mão para cima, pois as linhas verticais costumam ser menos óbvias — pelo menos inicialmente. Com a prática, você aprenderá a encontrá-las com facilidade.

A LINHA DA VIDA

A linha da vida se inicia em uma curva acima do polegar, entre ele e o indicador, e desce até a sua base, terminando no pulso ou próximo dele, geralmente formando um semicírculo ao redor do polegar.

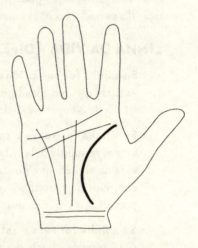

Quanto mais impetuosa for a pessoa, mais forte e profunda a sua linha da vida será, não só fisicamente, mas emanando em pulsações e vibrações positivas que podem ser sentidas sempre que essa área for percorrida e tocada.

A quantidade da palma que a linha da vida circunda é bastante importante. Uma linha da vida que se estenda por grande parte da palma revela alguém energético e cheio de vigor, uma pessoa aventureira, que gosta de novas oportunidades, aproveitando-as sempre ao máximo. Se a linha da vida, por outro lado, parece "abraçar" o polegar, essa pessoa pode ser alguém apático e indiferente, sendo necessário, talvez, repensar as próprias prioridades. Em geral, a linha da vida revela o quanto alguém é entusiasmado ou apaixonado pela vida e o grau de prazer que essa pessoa retira do viver. Linhas da vida que sejam curtas e fracas geralmente se aumentam e se aprofundam conforme a vida progride e seu portador descobre um destino empolgante e estimulante.

A linha da vida é propensa a mudanças causadas pelo estresse. Assim, sabemos que, se alguém possui um campo energético delicado, pessoas e situações tóxicas podem causar riscos, cruzes e outras marcas negativas (veja o capítulo 5) de forma passageira. Ao superar o problema, e isso pode inclusive envolver abrir mão de injustiças do passado, você verá que elas desaparecerão.

LINHA DA VIDA - DIFERENTES FORMATOS

- **Se a linha for comprida e bem definida com uma larga curvatura:** alguém focado em alcançar seus objetivos, mas sem traços de competitividade nociva.

- **Se a linha for suave e sem quebras:** indicativo de uma passagem tranquila pela vida, podendo ser menos excitante que a vida de alguém que possua muitas falhas ou marcas parecidas com elos de correntes. Nesse caso, desafios e contratempos podem agir em uma guinada para o sucesso.

- **Se a linha for reta e estiver próxima à lateral da mão:** um indicativo de cautela nos relacionamentos, aceitação dos desafios da vida ou do desconhecido.

- **Se a linha começar próxima ao dedo de Júpiter:** alguém movido pela satisfação de suas ambições.

- **Se a linha começar próxima ao polegar:** alguém com uma abordagem descontraída com relação à vida.

- **Se a linha for contínua e estiver próxima ao polegar:** alguém suscetível à exaustão e inércia quando está sob estresse.

- **Se a linha se curvar/mergulhar de forma aguda até a base da palma da mão:** indicativo de uma oportunidade de se voltar para uma nova direção que possa parecer complicada, mas, no fim das contas, valerá muito a pena.

- **Se a linha tiver muitas falhas:** indicativo de mudanças de pontos de vista sobre a vida; é possível que a forma como o portador decide lidar com essas mudanças determine o seu sucesso.

- **Se a linha tiver quebras subindo pela lateral da palma da mão:** indicativo de uma jornada iminente e significativa, mesmo que ainda não tenha sido planejada no período da leitura de mãos.

- **Se a linha estiver junta a uma linha irmã próxima ao polegar:** indicativo de boa sorte. Se ela seguir o caminho de toda a linha, ela também sinaliza boa saúde mais tarde na vida.

- **Se a linha for profunda:** alguém de sentimentos intensos, que se joga e abraça cada experiência que a vida lhe apresenta.

- **Se a linha for vermelha ou marrom:** alguém apaixonado e efusivo.

- **Se a linha for pálida:** alguém que não compartilha seus sentimentos e suas experiências com os outros.

- **Se a linha for curta e superficial:** alguém facilmente manipulável ou ingênuo.

- **Se a linha for toda composta de marcas parecidas com elos de corrente:** alguém com muitas opções e escolhas de vida.

- **Se a linha for toda bifurcada:** indicativo de energias esparsas e esgotadas.

- **Se a linha for dupla:** indicativo de que a pessoa já encontrou sua alma gêmea ou de que ela está a caminho.

- **Se a linha for muito curta e estiver unida à linha do destino:** indicativo de mudanças momentâneas causadas por acontecimentos externos que, se forem manipuladas de maneira positiva, podem oferecer oportunidades empolgantes.

- **Se a linha tiver ramificações ou linhas de esforço relacionadas a algum monte, dedo ou outra linha:** indicativo de uma maré vindoura de dinheiro, sucesso ou amor (veja os capítulos 5 e 6 para mais detalhes).

A LINHA DO DESTINO

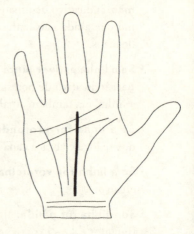

A linha do destino, às vezes também chamada de *linha de Saturno*, em seu formato ideal, está localizada no meio da palma e segue um caminho vertical para cima, entre o monte da Lua e o monte de Vênus, subindo em direção ao dedo de Saturno. Nem todo mundo tem a linha do destino e, na verdade, ela pode até mesmo começar perto da base da mão e terminar próxima a qualquer dedo. Contudo, no estudo prático da quiromancia, observamos que ela começa próxima à linha da vida, ou mesmo tocando-a, e se dirige para o segundo dedo da mão.

Essa linha costuma ser meio apagada e se refere ao que chamamos de "jogo da sorte ou do azar" presente na vida de alguém. O seu desenvolvimento ou nitidez não indicam necessariamente que o seu portador terá boa sorte, mas sim a forma como esse alguém reage a mudanças inesperadas da vida, tanto positivas quanto negativas. É mais sobre satisfazer aos propósitos da existência do que deixar que o Destino decida por conta própria. Ele é meramente o veículo por meio do qual o potencial presente nas linhas do coração, da cabeça e da vida se manifesta.

Por mais que seja apagada, é também muito comum que a linha do destino seja curvada ou arqueada. Isso não quer dizer que seja melhor ou pior. Uma linha do destino reta pode indicar um plano de vida ou caminho planejado, enquanto uma linha ondulada pode se referir a alguém que prefere explorar e continuar buscando o melhor caminho para a sua trajetória — e, assim que o encontrar, a tendência é que a linha se torne mais reta.

A linha do destino pode estar fundida a outras linhas, especialmente as de Apolo e do dinheiro, que sobem até o dedo de Apolo ou o dedo do Sol, à esquerda na mão ativa. As linhas podem estar unidas ou ramificadas.

Na sua forma mais bem definida e comprida, a linha do destino percorre o caminho da base da mão até o dedo de Saturno, o que indica (não como se pensava tradicionalmente: "que o destino está sempre em favor de seu portador") que o caminho sugerido será muito bem-sucedido, tanto por conta de seus imensos recursos, quanto por sua habilidade de transformar dificuldades em desafios e de se adaptar aos obstáculos exteriores em vez de ser derrotado por eles.

Algumas linhas do destino não aparecem até que a pessoa tenha chegado aos seus 20 ou 30 anos. Acredita-se que a linha do destino só cruza a linha da cabeça por volta dos 35 anos; algumas delas, inclusive, começando na linha da cabeça em portadores de 30 a 40 anos, um indicativo de que seus caminhos de carreira e de vida estão estáveis e interligados. Entretanto, se uma criança já souber o que deseja em uma tenra idade, ou se for direcionada precocemente pelos pais para seguir uma carreira que faça parte da tradição dos membros da família — como o serviço militar, a advocacia, ou o trabalho de educador —, é possível que a linha do destino apareça, desde o início da vida, de forma bastante nítida e reta, próxima à base da palma da mão e subindo até o dedo de Saturno.

LINHA DO DESTINO - DIFERENTES FORMATOS

- **Se a linha for profunda e saliente:** indicativo de que a pessoa é controlada pelo Destino e tudo que a vida lhe oferecer.

- **Se a linha estiver ligada à linha da vida:** alguém que traça o próprio futuro.

- **Se a linha começar na base da palma da mão e percorrer o caminho até o monte ou o dedo de Júpiter:** alguém com a habilidade de receber reconhecimento público, de seguir uma carreira predestinada desde a infância ou que seja um reflexo de vidas passadas.

- **Se a linha for fraca, ondulada ou desaparecer em alguns pontos:** alguém incerto, facilmente influenciável, com a tendência de ser facilmente desencorajado, mas com o poder de melhorar drasticamente uma vez que essa característica for reconhecida.

- **Se a linha for falhada:** indicativo de uma interrupção de carreira ou perda de motivação; por outro lado, se a linha seguir continuamente se voltando para outro ponto da mão, isso pode indicar um novo caminho na carreira.

- **Se a linha for falhada e sobreposta:** indicativo da transformação de um hobby ou interesse em uma carreira, ou a importância de seguir os próprios sonhos.

- **Se a linha se desenvolver em um ponto central, com falhas e marcas, bem no meio da palma:** indicativo de obstáculos no início da vida que serviram, ou servirão, para mudar ou determinar o curso da vida para o melhor.

- **Se a linha tocar a linha da vida:** alguém muito determinado e capaz de enfrentar desafios e com a capacidade de enxergar uma amplitude de perspectivas que ajudem a evitar problemas.

- **Se a linha tiver o mesmo comprimento da linha da vida:** alguém próximo à família, mas que pode estar lutando com a culpa.
- **Se a linha estiver distante da linha da vida, percorrendo só metade do caminho na palma:** alguém independente desde a infância, liberto tanto das influências familiares·quanto da influência das autoridades.
- **Se a linha não existir:** indicativo de fortes influências cármicas, ou de vidas passadas, necessidade de determinar o próprio curso da vida a fim de evitar a repetição de antigos padrões.
- **Se a linha for apagada:** alguém que se sente à mercê do Destino, à deriva na vida, sem uma carreira definida. Ela pode, inclusive, desaparecer, devido ao bullying ou a pressões excessivas.
- **Se a linha for bifurcada:** indicativo de dois destinos diferentes relativos a duas escolhas que foram ou devem ser feitas.
- **Se a linha for excepcionalmente marcada, nítida, reta, do início até o fim:** alguém muito competitivo nos esportes ou na carreira, sempre persistindo e alcançando o máximo possível a qualquer custo.
- **Se a linha se iniciar no monte de Vênus:** alguém cujas motivações são fortemente influenciadas pela família; alguém com aptidão para atividades físicas.
- **Se a linha se iniciar no monte da Lua:** alguém muito motivado, que segue os próprios sonhos.
- **Se a linha terminar na linha do coração:** alguém que pode desistir da ascensão à carreira por amor ou por ter outras prioridades, como a qualidade de vida; uma pessoa que pode optar pela aposentadoria precoce ou priorizar um estilo de vida recompensador em vez de lucrativo.

- **Se a linha terminar na linha da cabeça:** alguém que só se encontrou na carreira ou no estilo de vida na meia-idade; se esta linha estiver pálida demais, ela pode indicar esgotamento físico ou mental.

- **Se a linha terminar logo abaixo do dedo de Júpiter:** alguém com dom para política, religião, leis, educação e lideranças benevolentes; é uma pessoa com a capacidade de chegar longe.

- **Se a linha terminar logo abaixo do dedo de Saturno:** alguém que se dará bem em qualquer caminho ou carreira, sobretudo em empregos convencionais.

- **Se a linha percorrer a palma até chegar ao dedo de Saturno:** alguém de destino excepcional, uma pessoa que terá sucesso tanto trabalho, seja material ou psíquico.

- **Se a linha terminar logo abaixo do dedo de Apolo:** alguém com aptidão para as artes criativas ou design; uma pessoa que manifesta sua imaginação por meio da escrita.

- **Se a linha cruzar a palma na diagonal até o dedo de Mercúrio:** alguém comunicativo, com sucesso nos negócios, um ótimo vendedor, humorista, médico, com múltiplas habilidades para fazer dinheiro.

- **Se a linha do destino for dupla em qualquer ponto:** indicativo de versatilidade; da possibilidade de seguir duas carreiras simultaneamente; uma carreira e um hobby importante que, talvez, possa vir a se tornar uma carreira; ou a combinação de carreira e família.

LINHA TEMPORAL DA VIDA E DO DESTINO

Há muitas formas de calcular a linha temporal nas nossas quatro linhas principais. Opte por um método que funcione para você de forma prática, ou apenas use sua intuição para descobrir como o tempo funciona. É possível que o mesmo sistema se encaixe para você nas quatro linhas. A chave, na verdade, é observar os pontos de mudança nas marcas presentes nas linhas, pois elas podem revelar questões do passado.

Tradicionalmente, a linha da vida se divide do início, por volta dos 10 anos de idade, até o fim, que pode passar dos 90 anos. Você pode decidir usar o mesmo método para as linhas do coração, da cabeça e do destino, pois ele é bastante direto.

Uma outra alternativa, no entanto, é dividir a linha da vida em dois: a primeira metade, próxima ao pulso, representando os primeiros vinte anos de vida; e a outra metade, sendo dividida em duas. Assim, a primeira parte da segunda metade da linha da vida cobriria dos 20 aos 50 anos, enquanto a continuação da linha da vida se referiria ao restante da vida da pessoa.

Uma forma bastante tradicional de medir a linha do destino é dividir a distância da base do dedo de Saturno até a linha do pulso e então segmentá-la em quatro partes iguais. O primeiro quarto começaria na linha do pulso e teria relação com os primeiros 21 anos de vida, o segundo representaria um período dos 22 aos 29 anos, o terceiro, dos 30 aos 50 anos, e o último dos 50 aos 100 anos. Claro que essa técnica só funcionaria com uma linha do destino que fosse longa e nítida, iniciando-se no pulso, o que não ocorre com a maioria das pessoas. Sendo assim, se a sua linha do destino começar mais acima na palma da sua mão, imagine que ela se iniciou do seu pulso e divida-a como foi sugerido.

EQUILIBRANDO AS LINHAS

Como as linhas costumam estar próximas umas das outras, você pode considerar criar interconexões como se fosse um jogo de quebra-cabeça em progresso. Uma linha do coração predominante pode indicar que as emoções são a força que motiva a pessoa, por isso, se a linha da cabeça não for resistente o suficiente para conter tais emoções, então essas energias criativas podem não ser canalizadas para alcançar o sucesso de forma mundana. Contudo, elas ainda podem ser utilizadas para viver um amor recompensador, dedicar-se à família ou se apaixonar por um novo hobby. Da mesma forma, se a linha da cabeça for muito aprofundada, mas a linha da vida for fraca demais, pode não haver motivação suficiente para seguir adiante com os planos, resultando em uma série de projetos estagnados ou carreiras iniciadas que não florescem.

Os pontos fortes de uma pessoa também podem mudar em diferentes momentos da vida e ajudar a sugerir que outros aspectos precisam ser evidenciados. Pode ser de grande valia decidir comparar as quatros linhas principais em ambas as mãos, de forma que tanto os potenciais quanto os pontos fortes que não se desenvolveram possam ser analisados a fim de criar uma vida mais balanceada.

A QUIROMANCIA COMO INSTRUMENTO PARA MUDANÇAS POSITIVAS

No capítulo 1, as linhas do coração e da cabeça foram adicionadas ao diagrama das mãos. Faça o mesmo com as linhas da vida e do destino. Use um diagrama para estudar as mãos das pessoas às quais você está analisando e veja como essas novas linhas ajudam a construir o perfil desse alguém ao qual você já conhece.

Além disso, estude as linhas da vida e do destino de pessoas que sigam diferentes carreiras, que sejam de diferentes idades ou optem por estilos de vida distintos — é possível que, a partir desse momento, você seja capaz de ler mãos rapidamente. Utilizando os diversos formatos descritos neste capítulo, perceba como a aparência, a carreira e o estilo de vida de alguém coincide com as linhas das mãos. Quando possível, faça perguntas que colaborem com o que foi visto nas mãos que estiver estudando.

Entretanto, lembre-se de que a quiromancia é muito mais que uma mera ferramenta de diagnóstico, ela é, principalmente, um instrumento de mudança.

Quando se sentir preparada, trabalhe com alguém com quem se sente confortável o suficiente e verifique se essa pessoa tem alguma pergunta a ser feita antes da leitura. Depois, *sinta* a energia ao percorrer com os dedos, do início ao fim, cada uma das linhas principais da mão ativa, a fim de identificar qual elemento do passado possa estar causando algum efeito negativo na vida dessa pessoa. Relaxe. Algumas imagens e impressões relacionadas à questão aparecerão na sua mente. Só a partir daí, e com muito tato, passe a fazer perguntas.

USANDO A QUIROMANCIA DE FORMA CRIATIVA

Ao ler a palma da mão de James, 50 anos de idade, um homem frustrado com a carreira e convivendo com o sentimento negativo de nunca ter alcançado nada importante na vida, percebi que a sua linha da cabeça estava partida logo no início. Essa quebra me pareceu lenta e pesada. Ela não acompanhava a nitidez e a profundidade presentes no restante da linha. Essa falha coincidia com um sério atraso escolar no qual tanto os professores de James quanto seu próprio pai disseram que ele era incapaz e nunca conseguiria realizar nada de importante, pois, embora fosse inteligente, tinha dificuldade em ler e escrever.

Nesse caso, a linha do destino começava muito mais acima na palma, sobre a linha do coração, e terminava no monte de Apolo. Perguntei então sobre suas paixões, sua criatividade, e como ele encontraria satisfação no desenvolvimento dessas habilidades. Muitos artistas e escritores que tenham se sentido desencorajados, no ambiente escolar ou pelos próprios pais, florescerão uma vez que ativem a paixão presente na linha do coração, ou percebam o cruzamento das energias da linha da vida com as da linha da cabeça — mesmo que ela pareça dormente. Após a leitura, James fez alguns exames médicos e foi diagnosticado com dislexia; com a ajuda de um fonoaudiólogo e algumas aulas noturnas, ele agora está seguindo seu sonho de tornar-se escritor.

Sempre tenha em mente que o ponto principal da quiromancia é a possibilidade de ajudar outra pessoa a cumprir o próprio destino, e não provar o quanto você é bom em ler o futuro.

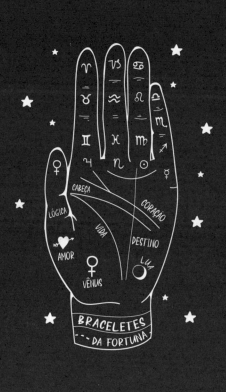

Linhas Auxiliares e Outras Áreas Importantes

MANUAL PRÁTICO DA
QUIROMANCIA

É POSSÍVEL FAZER ÓTIMAS LEITURAS USANDO apenas as quatro linhas principais da mão. No entanto, ao também considerar as linhas auxiliares, você obterá maiores detalhes que enriquecerão a sua leitura e possibilitarão que aconselhe melhor os seus consulentes, avisando-os de possíveis fraquezas ou obstáculos visíveis em uma certa área da palma — portanto, na própria vida — que podem ser compensadas por pontos fortes ou outras fontes energéticas.

Para essas linhas menores, use sempre uma lente de aumento. Caso tenha dificuldades mesmo assim, foque na linha do destino e veja se as outras linhas estão seguindo o caminho vertical junto a ela nas posições sugeridas. Contudo, não se preocupe se tiver dificuldade em localizá-las, pois as mesmas características e significados podem ser encontrados em outros pontos da mão.

A LINHA DE APOLO OU LINHA DO SOL, A LINHA DO SUCESSO

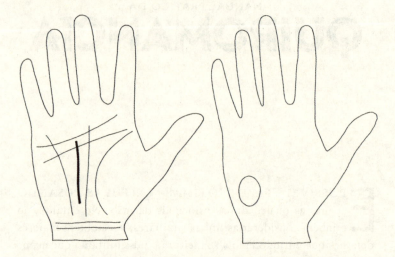

A linha de Apolo, a linha auxiliar mais importante, começa próxima ao monte da Lua, geralmente perto da linha da cabeça, percorrendo a palma até o terceiro dedo da mão, o próprio dedo de Apolo, também conhecido como anelar. É uma linha que costuma estar paralela à linha do destino, podendo ser, inclusive, confundida com ela. Algumas pessoas têm apenas uma dessas linhas; outras têm as duas, mas elas se unem e parecem ser uma só.

A linha de Apolo representa sucesso tanto em termos monetários quanto em conquistas pessoais. Ela costuma ser curta em comparação com as outras linhas.

Aqueles que têm a linha de Apolo costumam ser pessoas muito confiantes e extrovertidas, demonstrando grande potencial para o sucesso.

- **Se a linha começar somente na parte superior da palma:** indica que a pessoa decidiu seguir um objetivo e se dedica a isso.

- **Se a linha começar do meio da palma (mais raro):** algo que costuma ser visto nas mãos de musicistas, escritores ou atletas; geralmente é acompanhada por uma linha do destino longa e nítida.

- **Se a linha for profunda e nítida:** indicativo de boa sorte, reconhecimento ou fama, acompanhados de recompensas materiais, geralmente conectado com as artes; quanto mais aprofundada ela parecer, maior será a fama e a fortuna. Contudo, ela também pode se referir a uma grande soma de dinheiro conseguida por meio da sorte ou de herança, nem sempre significa que os valores serão fruto de trabalho árduo.

- **Se a linha não existir:** ela pode ser compensada pela formação do monte de Apolo ou pelo próprio dedo, uma vez que a pessoa que se esforça pelas suas conquistas vai mais longe do que aquela que já tem tudo.

LINHA DE MERCÚRIO, A LINHA DA SAÚDE

Esta linha costuma cruzar o centro da mão, terminando próxima à linha do coração ou ao monte de Mercúrio, perto do dedo de Mercúrio, percorrendo a palma na diagonal, próxima ou dentro da linha da vida na base do pulso. Ela se refere à saúde física, embora também possa estar conectada ao bem-estar mental e espiritual.

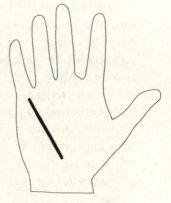

A linha da saúde não é muito nítida em comparação com as outras linhas que atravessam a palma, podendo ser confundida com a linha do destino, especialmente se ela não estiver em sua posição padrão — bem no meio da palma.

Se a linha não existir: isso não é um mau presságio, indica que não há nada a se preocupar ou que, caso esteja doente, você terá uma recuperação rápida.

Se a linha for nítida e muito definida: sinal de uma saúde excelente; também pode aparecer após um contratempo emocional ou físico.

Se a linha for ondulada, malformada ou muito pálida: reveja sua dieta ou seu estilo de vida, pois a linha pode indicar não necessariamente que existe uma doença, mas sim que você precisa cuidar melhor de você mesma. Isso também pode indicar um indivíduo muito sensível, alguém que reage muito mal a pessoas tóxicas ou ambientes negativos. Portanto, uma mudança de carreira ou de estilo de vida pode ser o necessário para se manter a saúde e, assim, firmar a presença da linha.

A LINHA DA INTUIÇÃO

Esta linha, também conhecida como *linha do eu psíquico*, estende-se em uma curva provinda do centro do monte da Lua, atravessando as linhas da cabeça e do coração, até quase chegar à linha do casamento (linhas horizontais próximas ao dedo de Mercúrio na lateral da mão; se necessário, reveja o diagrama feito por você para entender a posição da linha). Se essa linha estiver nítida, ela representa uma intuição muito bem desenvolvida ou habilidades psíquicas. Atenção: essa linha também pode ser confundida com outras linhas.

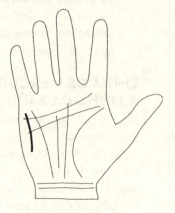

- **Se a linha for bem desenvolvida e estiver voltada para a linha do destino:** indicativo de que a pessoa é médium ou clarividente.

- **Se a linha estiver voltada para a linha da cabeça:** indicativo de que essa pessoa é uma curandeira inata.

ANEL DE SALOMÃO OU DE JÚPITER

Esta marca tem o formato de um anel semicircular, por isso, é inconfundível. Contudo, nem sempre ela está presente, circulando a base do dedo de Júpiter, ou, às vezes, o monte de Júpiter. Ela indica um interesse em tudo que é psíquico: sabedoria ancestral, habilidade para ter sonhos premonitórios, um indicativo de intuição mesclada à sabedoria, fortes desejos altruísticos e uma grande fascinação pela psicologia.

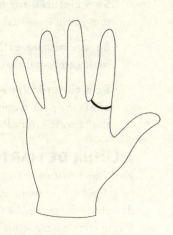

ANEL OU CINTURÃO DE VÊNUS

Esta marca geralmente se mistura à linha do coração, preenchendo o espaço entre os dedos de Júpiter e Saturno ou entre os dedos de Apolo e Mercúrio, mostrando certa similaridade com o formato de uma lua crescente, pendurada sobre a linha do coração.

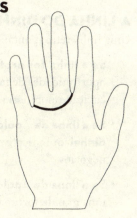

O cinturão de Vênus indica a necessidade de criar certos limites emocionais, a fim de evitar oscilações de humores e autoindulgência excessiva causada apenas para absorver dores reprimidas.

- **Se o cinturão for composto de diversas linhas finas:** alguém de natureza muito sensível.

- **Se o cinturão estiver conectado à linha do coração:** uma pessoa doce, devotada, no entanto, um amante sentimental demais.

LINHAS AUXILIARES E OUTRAS ÁREAS IMPORTANTES

- **Se o cinturão for nítido e definido:** alguém que ama tudo que é belo e sensual.

- **Se o cinturão estiver partido:** uma pessoa encantadora, muito amorosa, mas com inclinação à infidelidade.

- **Se o cinturão for reto e estiver próximo à linha do coração:** uma pessoa que lida bem com questões financeiras e tem muita sorte em tudo que diz respeito a dinheiro.

A LINHA DE MARTE

Esta linha costumar estar paralela à linha da vida, próxima à lateral do polegar, embora não esteja presente em todas as pessoas. Ela dá apoio e força à linha da vida e permite que seu portador lide de forma efetiva e tranquila com situações de conflito.

A LINHA DO DINHEIRO

Uma linha reta, apontando para cima, sob os dedos.

- **Se a linha for profunda, nítida e reta:** alguém com ótimas oportunidades de fazer dinheiro, bons investimentos ou especulação imobiliária.

- **Se a linha de Apolo se ramificar, conectando-se à linha do dinheiro:** indicativo de sucesso comercial e oportunidades de negócios.

- **Se a linha de Apolo também for reta e nítida:** indicativo de uma grande fortuna.

- **Se ambas as linhas forem onduladas:** indicativo de instabilidade financeira, perda de dinheiro ou gastos excessivos.

LINHAS DE VIAGENS

As linhas de viagens são linhas finas que podem ser encontradas tanto na vertical quanto na horizontal, começando, verticalmente, da base da palma e subindo até o monte da Lua, sobre o dedo de Mercúrio na lateral da mão, do lado oposto ao do polegar; ou, horizontalmente, na diagonal, da beira do pulso até a parte de baixo da linha da vida. Esses dois tipos, principalmente o vertical, podem se cruzar, estar muito próximos ou caminhar juntos percorrendo a linha da vida.

- **Se as linhas forem fortes e numerosas:** indicativo de inquietude que pode levar a viagens frequentes.

- **Se as linhas forem muito nítidas:** indicativo de oportunidades e incentivo a viajar para viver, trabalhar ou estudar em outro país.

- **Se as linhas horizontais forem profundas e se formarem a partir da linha da vida:** indicativo de ótimas oportunidades e boa sorte ao optar por viver no exterior.

- **Se uma linha horizontal se unir à linha do destino e se curvar até o monte da Lua:** indicativo de uma viagem lucrativa para outro país; se essa linha se cruzar com a linha do destino, a possibilidade de uma viagem que fará o portador mudar de vida. Provavelmente um casamento no exterior.

- **Se as linhas forem curtas ou não existirem:** alguém que não deseja participar de viagens de longas distâncias. Nesse caso, leia a mão passiva para ver se há ali alguma linha de viagem que não tenha se manifestado por uma má experiência, ou, ainda, verifique se a pessoa é caseira demais, e, nesse caso, não deveria se sentir pressionada a viajar.

VIA LASCIVA

A via lasciva é uma linha reta que atravessa parte da palma, iniciando-se abaixo do monte da Lua ou do dedo de Mercúrio. Ela pode terminar no monte da Lua ou chegar até o monte de Vênus, sob o polegar. Quem possui essa linha precisa de estímulos constantes, não sabendo a hora de parar.

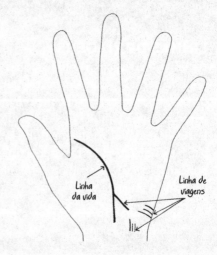

- **Se a linha for muito forte:** indicativo de uma personalidade voltada para os vícios; mas, se essa força for controlada, ela pode ser utilizada para a realização de um sonho ou desejo muito potente.

A LINHA DO CASAMENTO/RELACIONAMENTO

São linhas finas que costumam estar na diagonal, na lateral das palmas, entre o início da linha do coração e o dedo de Mercúrio. Elas se referem a qualquer relacionamento sério que possa, ou não, ter envolvimento sexual. Embora possa haver múltiplas linhas paralelas — caso o portador seja alguém muito apaixonado, que esteja em um relacionamento sério desde muito jovem —, essas outras linhas podem ser manifestações de conexões familiares ou de amizades próximas, talvez com um irmão, um mentor, ou outro parente próximo. Contudo, é muito comum que surja apenas uma linha na palma de pessoas que tenham encontrado um único amor por toda a vida.

Ao fazer a leitura das mãos, observe a linha mais longa como a linha-chave ou a linha que representa o amor atual. Se você estiver infeliz em um relacionamento, é possível ver uma próxima linha esperando acima.

- **Se a linha for nítida, definida, vier da lateral da mão até a superfície da palma:** indicativo de que este é o relacionamento principal.

- **Se a linha tocar a linha de Apolo:** indicativo de uma nova carreira de sucesso como resultado de um casamento ou após um casamento; uma relação de sucesso entre amor e negócios.

- **Se a linha não existir:** falta de compromisso emocional, podendo, inclusive, estar presente em pessoas casadas; ou sinal de uma pessoa independente que sempre desejará a independência, mesmo se estiver em um relacionamento sério.

- **Se a linha estiver partida:** indicativo de um amor não resolvido que pode impedir outros relacionamentos de evoluírem.

- **Se a linha for curta e mal chegar até a palma:** indicativo de que esse relacionamento precisa ser trabalhado ou de que uma decisão precisa ser tomada a fim de perceber se ele realmente vale a pena.

Nota: Após o término de um relacionamento, é possível que a linha desapareça, mas uma nova linha há de surgir quando um novo relacionamento acontecer, ou quando o seu portador estiver pronto para um novo amor.

LINHA DOS FILHOS

Finas linhas verticais logo abaixo do dedo de Mercúrio, podendo, inclusive, estar sobrepostas à linha do casamento. Essas linhas mostram o potencial de procriação do portador; contudo, nos tempos atuais, isso obviamente depende apenas da escolha do casal. Algumas pessoas, por exemplo, canalizam essa afinidade com crianças optando por trabalhar como professores, assistentes

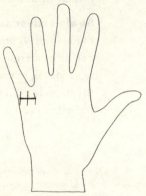

sociais, babás, ou até mesmo se dedicando a sobrinhos e sobrinhas. Essa linha também não é uma previsão de que a pessoa terá bebês naturalmente, sem ajuda médica. Na leitura de mãos tradicional, linhas mais compridas indicam o nascimento de meninos, enquanto linhas mais curtas simbolizam meninas.

No homem, a linha dos filhos pode indicar tanto que ele será um bom pai, ou um bom padrasto, quanto que terá ótimas relações profissionais.

RASCETAS OU BRACELETES DA FORTUNA NA PARTE INTERIOR DO PULSO

A tradição romani[*] acredita que cada bracelete da fortuna representa 25 anos de vida. Algumas pessoas têm mais de quatro, mas a maioria delas tem entre três ou quatro. Há uma superstição antiga — completamente desprovida de comprovação — na qual afirma-se que, se a primeira linha do bracelete estiver partida, isso indicaria problemas ginecológicos.

Primeiro Bracelete:
Refere-se à saúde e é o mais próximo da palma

- **Se ele for nítido e não tiver nenhuma falha:** indica uma constituição robusta, muito resistente a doenças e ao estresse.

- **Se ele estiver partido:** indica falta de cuidado com a própria saúde (muito comum naqueles que cuidam mais dos outros do que deles mesmos); um sinal de que é preciso comer de maneira saudável, praticar exercícios leves e reduzir o estresse; além disso, pode estar presente em pessoas que tenham começado a trabalhar cedo e superaram muitos obstáculos.

---

[*] Os romani são os povos nômades popularmente conhecidos como ciganos.

Segundo Bracelete:
Simboliza a prosperidade

- **Se ele não tiver nenhuma falha:** indicativo de sucesso financeiro, geralmente seguindo esforços que estão ilustrados na primeira rasceta.

- **Se ele for triangular:** indicativo de oportunidades financeiras surgindo de múltiplas direções; caso haja mais de um triângulo, isso simboliza uma empreitada de negócios com muito sucesso.

- **Se ele estiver partido:** indicativo de que a pessoa encontrará obstáculos financeiros em seu caminho que possam ter efeitos a longo prazo, mas que são superáveis.

Terceiro e Quarto Braceletes:
Indicam autoridade e status

- **Se forem nítidos e bem definidos:** alguém que tem influência por meios comunitários e oficiais.

- **Se forem partidos:** alguém que prefere a própria companhia ou a de seus entes queridos.

- **Se a pessoa tiver apenas um bracelete:** indicativo de que ela deve sentir intuitivamente o que ele, sozinho, revela sobre todas as questões abordadas nesse segmento.

- **Se a pessoa não tiver nenhum bracelete:** indicativo de que ela pode estar se doando demais às outras pessoas em termos de tempo e de dinheiro e, além disso, não estar recebendo crédito por seus esforços.

INTERPRETANDO NOVAS INFORMAÇÕES

Olhe para as duas mãos, com a ajuda de uma lente de aumento, e identifique as linhas que sejam mais fáceis de encontrar. Marque-as no seu diagrama e leve o tempo que precisar observando a teia de linhas, percebendo as similaridades entre as palmas e quais potenciais estão esperando para serem desenvolvidos. Se estiver insegura, foque apenas nas quatro linhas principais e nas três linhas auxiliares até que se sinta mais confiante.

Depois, analise as mãos da pessoa com a qual está trabalhando, mas não crie muita expectativa — pode ser que você não encontre todas as linhas descritas neste capítulo.

A principal ferramenta da quiromancia, além, é claro, da intuição, é o bom senso. Dificilmente você se lembrará de todos os significados e da posição de todas as linhas das mãos, a menos que as tenha estudado por anos. Contudo, com a prática, você será capaz de reconhecer os padrões. Se a linha é curta, ondulada ou falhada; se é pálida ou superficial etc. Nesses casos, sempre haverá questões conectadas à linha que dizem respeito ao seu formato. Não esqueça: se a linha for nítida e forte, é porque está funcionando bem — a menos que possa parecer dominante demais quando comparada às outras. Se a linha for curva, é porque ela está fluindo bem; se for reta, isso significa que ela é uma fonte direta de energia.

FORTALECENDO ENERGIAS COM AS PALMAS

A palma da mão é um dos centros de energias do corpo e concentra chacras muito poderosos: um em cada dedo das mãos; outro no ângulo do pulso; e um ainda maior no centro de cada palma.

Você já foi capaz de sentir essas energias ao aproximar uma palma da outra. Como já mencionamos, além de ser uma ferramenta de diagnóstico e uma forma poderosa de adivinhação, quando em seu formato mais criativo, a quiromancia pode oferecer mais uma chance de libertar os poderes da vida e da felicidade, despertando potenciais adormecidos, especialmente na mão passiva, e explorando recursos inexplorados do seu sistema energético. As palmas das mãos também são um fácil ponto de entrada para energizar você mesma, pois as energias fluem das palmas para encher o corpo de bem-estar. Essas energias ficam, inclusive, marcadas nas palmas por semanas e meses. A mão ativa é a mão que transmite a energia, enquanto a mão passiva a recebe.

Uma vez por semana, posicione as mãos na vertical e pressione as palmas, uma contra a outra, por dois minutos, para transferir os recursos necessários da mão com potencial para a mão ativa, colocando a energia em equilíbrio. Essa transmissão de energia se torna ainda mais eficaz se você estiver descalça na grama e girar as mãos enquanto as pressiona juntas.

O PODER DOS CRISTAIS

Compre uma gema natural polida, uma pedra de palma ou de polegar. Essas pedras costumam ser ovaladas, achatadas e suaves, com uma depressão central onde encaixar o polegar. A maior parte delas é opaca, e algumas têm padrões intrincados. Uma pedra de polegar feita de ametista restaurará toda a sua harmonia e curará qualquer desequilíbrio que esteja em seu campo energético usando apenas a palma das suas mãos. O quartzo-rosa, por sua vez, ajuda a fortalecer a linha do coração; o citrino, a linha da cabeça; o quartzo transparente, a linha da vida; e a turquesa, a linha do destino.

Segure a pedra entre as mãos ao fazer o exercício. Encaixe seu polegar na pedra, primeiro com a mão passiva, depois com a mão ativa, por dois minutos. Segure-a entre o polegar e o indicador. Se decidir esfregá-la sobre as palmas, ótimo: isso pode reduzir os níveis de estresse e liberar endorfina.

Por fim, massageie a pedra sobre cada uma das linhas, demorando-se mais nos locais que estejam enfraquecidos, superficiais ou ondulados, primeiro usando a mão ativa para massagear a mão passiva, trocando as mãos em seguida. Após o uso, lave a pedra em água corrente.

4

Os Montes

MANUAL PRÁTICO DA
QUIROMANCIA

TEMOS SETE PRINCIPAIS SALIÊNCIAS MACIAS NAS palmas de nossas mãos. Algumas recebem o nome do dedo que as domina, mas todas, sem exceção, têm denominações planetárias para indicar sua importância — um sinal de que a astrologia pode ser uma arte-irmã da quiromancia.

Esses montes funcionam como depósitos de poder e energias para as áreas da mão e dos dedos que os regem, os mesmos dos quais compartilham nome e significado.

No geral, quanto maior e mais saliente for um monte, mais intensa é aquela característica em seu portador. Sempre que tiver a chance, analise os montes presentes nas mãos das pessoas, a fim de ter uma ideia de qual é o seu tamanho em média.

Utilize a lente de aumento para identificar os próprios montes, enquanto sustenta a mão à altura dos olhos, e você notará que um monte pode ser mais bem desenvolvido que outro. A firmeza de cada um deles deve ser avaliada ao pressionar gentilmente o dedo em cada uma das saliências. Quanto mais firme for esse monte, mais o talento ao qual ele se refere está sendo expressado no dia a dia. Se todos eles estiverem ausentes, por outro lado, isso pode querer dizer que o seu portador não teve tantas oportunidades ou foi muito desencorajado ao longo da vida. Nesse caso, procure sempre por pontos fortes em outras partes da mão, e busque enfatizar muito mais os pontos positivos do que os negativos. Dessa forma, o seu consulente passará a ver uma fraqueza como um desafio a ser superado com a ajuda de seus pontos fortes, especialmente na mão passiva, fugindo de previsões pessimistas ou fatalistas.

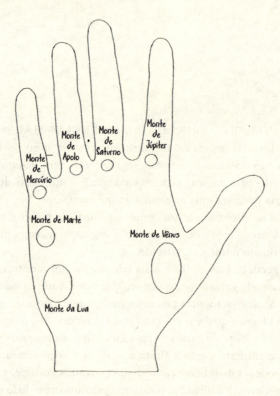

É possível que os montes sejam mais protuberantes na mão passiva, mas os montes da mão ativa também podem ser fortalecidos com as técnicas sugeridas no capítulo anterior e com o método da cura com o pêndulo, que será descrito neste capítulo.

A prática é a chave para analisar os tamanhos, o volume e outras características dos montes, então pratique a leitura de mãos o máximo que puder.

O monte De Júpiter
(localizado embaixo ou próximo do dedo de Júpiter)

O monte de Júpiter é o mais importante para se avaliar a força do caráter de alguém. Ele representa ambição, liderança, idealismo, sabedoria, autoridade e altruísmo (qualidades ligadas ao dedo de Júpiter, o indicador).

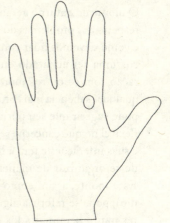

- **Se o monte for firme, nem duro e nem macio demais, surgindo diretamente abaixo do dedo de Júpiter:** indicativo de que essa pessoa é uma sábia mentora ou professora, alguém sociável, com dom para resolver problemas e particularmente ambiciosa, embora seja uma pessoa muito justa e que se importa com os menos afortunados.

- **Se o monte parecer vazio:** indicativo de que essa pessoa é uma seguidora natural, ideal para fazer as coisas acontecerem nos bastidores, mas que pode achar difícil interagir socialmente.

- **Se o monte for esponjoso e alto:** alguém que gosta de vida boa e adora vangloriar-se.

- **Se o monte for muito grande e compacto:** alguém com um grande ego, que almeja o reconhecimento profissional e social, podendo ser cruel em sua procura pelo poder (nesse caso, o monte de Marte também será muito desenvolvido). Para que seus relacionamentos amorosos funcionem e sobrevivam, o companheiro dessa pessoa precisa ser muito submisso.

O monte de Saturno (localizado embaixo do dedo de Saturno)

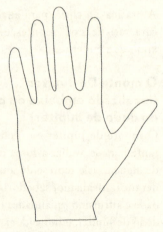

O monte de Saturno geralmente diz respeito aos problemas do cotidiano e como devemos lidar com eles. Ele costuma ser achatado em comparação com os outros montes, então qualquer saliência mais proeminente pode sugerir que seu portador é inflexível no que concerne seus limites e suas interações e tem a habilidade de se organizar de maneira eficaz.

Esse monte, assim como o seu dedo correspondente (o dedo médio), pode se referir a alguém de natureza introspectiva, com valores muito bem definidos de certo e errado, que trabalha duro, mas que, ao mesmo tempo, pode achar difícil demonstrar emoções e reluta em passar tempo sozinho, tendo apenas sua própria companhia. Essa pessoa também pode demonstrar aptidão com a área legal, contabilidade ou pesquisa.

- **Se o monte estiver entre o dedo de Júpiter e o dedo de Saturno:** essa pessoa carrega o melhor das duas qualidades.

- **Se o monte for muito grande ou muito duro:** indicativo de crenças rígidas demais, incapacidade de mudar, dogmatismo e teimosia.

- **Se o monte for pouco desenvolvido:** alguém indeciso, de opiniões flutuantes, sempre inspiradas pela influência de terceiros.

O monte de Apolo/do Sol (localizado embaixo do dedo de Apolo)

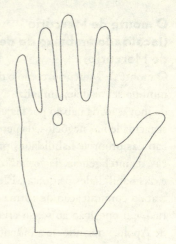

O monte de Apolo e seu dedo correspondente, o anelar, estão na área relacionada a todo tipo de talentos artísticos: criatividade, habilidades comunicativas (tanto na escrita quanto na fala), sensibilidade, dons musicais, alguém que seja um artista em essência. Além disso, esse monte também simboliza boa sorte e habilidades tecnológicas ou científicas.

- **Se o monte começar quase imediatamente abaixo do dedo de Apolo:** indicativo de dons e interesse em artes e cultura, um amante da beleza e da harmonia que demonstra muitas tendências criativas.

- **Se o monte for grande e bem desenvolvido (similar ao monte de Júpiter):** indicativo de grande sucesso no mundo das artes, sorte em jogos de azar e apostas especialmente nas artes ou em negócios tecnológicos.

- **Se o monte for suave e esponjoso:** alguém carismático, porém dissimulado.

- **Se o monte for pouco desenvolvido, parecer oco:** alguém desprovido de imaginação, que necessita constantemente de dados e fatos como diretrizes de vida.

OS MONTES

O monte de Mercúrio (localizado embaixo do dedo de Mercúrio)

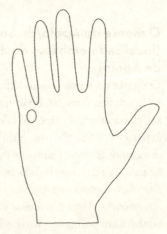

O monte de Mercúrio, como o dedo mínimo acima dele, simboliza a área da inovação, da paixão por viajar, da sagacidade nos negócios, da percepção das próprias habilidades práticas, da inteligência, da versatilidade e das habilidades psíquicas. Ele retrata a comunicação de forma factual, em oposição ao senso criativo de Apolo, referindo-se a indivíduos persuasivos, competitivos, alertas e devotados à família e aos amigos.

Como esse monte é maior que o de Saturno e o de Apolo, um tamanho fidedigno ao real no diagrama poderia dar a impressão de que os outros são muito pequenos e pouco desenvolvidos.

- **Se o monte for grande e definido:** indicativo de um indivíduo capaz de expressar ideias de forma eficaz e coerente, especialmente em empreitadas de negócios ou vendas; também pode significar habilidades curativas, muito encontradas naqueles que seguem a carreira da medicina ou das terapias alternativas.

- **Se o monte for pequeno e pouco desenvolvido:** alguém com medo de falar em público ou com mais de uma pessoa ao mesmo tempo, tanto em ambientes profissionais quanto sociais.

- **Se o monte parecer oco ou for esponjoso:** um bajulador, propenso a se atirar em esquemas impraticáveis, ou alguém com delírios de grandeza.

- **Se o monte estiver fora do lugar, entre os dedos de Apolo e Mercúrio, especialmente se esses dois montes forem volumosos e estiverem formando um único monte:** indicativo de ideias inovadoras, mas que precisam de direcionamento; também pode se tratar de um ótimo orador ou artista.

MARTE

O planeta Marte representa proatividade, força, coragem, e, às vezes, inclinação à agressividade.

Na palma das mãos, encontramos três áreas associadas a este planeta: o monte de Marte, localizado logo abaixo do monte de Mercúrio, e duas outras áreas no centro da palma que formam a planície de Marte (ver ilustrações a seguir).

Pode ser útil ler essas potências como um todo, a fim de relacionar os pontos fortes e os pontos fracos e analisar o quadro geral.

É algo vantajoso ter um forte trio regido por esse planeta, pois todos precisamos de garra e determinação para lutar pelas nossas crenças e para prosperar no mundo, evitando ser pisoteado pelos outros. Adolescentes, e até mesmo adultos, sem o elemento Marte presente em suas palmas podem achar difícil lidar com o bullying. Contudo, pessoas nas quais esse planeta está bem presente podem se sentir atraídas a carreiras que envolvam serviços de segurança, trabalhos agitados, ou como justiceiros sociais, principalmente se tiverem Júpiter muito destacado nas mãos. Em adição, um Marte poderoso, mas não tão desenvolvido também pode ser indicativo de sucesso no mundo dos negócios ou no mundo dos esportes.

Para identificar facilmente tanto os montes de Marte quanto a planície de Marte, coloque os dedos da sua mão passiva no dorso de sua mão ativa enquanto, simultaneamente, aplica pressão sobre a palma da mão com o outro polegar. Tente se focar sobretudo nos fluxos de energias presentes em cada uma das áreas de Marte.

O monte de Marte
(localizado diretamente abaixo do monte de Mercúrio)

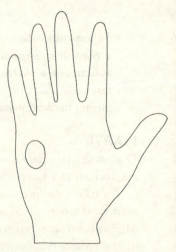

O monte externo de Marte representa coragem, autocontrole, desejo por ação em vez de deliberação, paixões intensas e a habilidade de seguir adiante independentemente dos obstáculos.

- **Se o monte for volumoso e suave ao toque:** alguém bastante contestador, mas que pode recuar se for confrontado.

- **Se o monte for firme e volumoso:** alguém com opiniões inabaláveis sobre todo e qualquer assunto.

- **Se monte for duro e pouco desenvolvido:** indicativo de beligerância e relutância em recuar durante um conflito.

- **Se o monte for pouco desenvolvido a ponto de não ser possível tocá-lo:** indicativo de timidez e gentileza, alguém que tenha sofrido bullying quando jovem, incapaz de se defender ou de se posicionar contra injustiças.

- **Se o monte for esponjoso:** alguém sarcástico e crítico.

- **Se o monte estiver ligado à linha da cabeça:** indicativo de um excesso de energia nervosa que pode impedir o relaxamento ou causar pensamentos intrusivos.

Um segundo monte de Marte, um monte interno, também pode ser identificado logo acima do monte de Vênus, próximo à linha da vida. Geralmente, se um dos montes é pouco desenvolvido, o outro também será. O segundo monte costuma dizer respeito à habilidade de defender amigos, os próprios princípios e, consequentemente, a coragem moral. Ambos os montes têm significados parecidos.

- **Se o monte for bem desenvolvido e firme:** indicativo de uma pessoa voltada ao dever, que pode se juntar a instituições e organizações não governamentais durante a juventude; uma ótima líder.

- **Se o monte for pouco desenvolvido:** alguém que pode ter acessos de raiva se não conseguir as coisas da forma como deseja; às vezes, pode se comportar de maneira imprudente a fim de mostrar o quanto é corajoso.

- **Se o monte for pouco desenvolvido e plano:** alguém pouco convencional, que não se encaixa na sociedade ou obedece a regras, preferindo sempre seguir a sua própria ética.

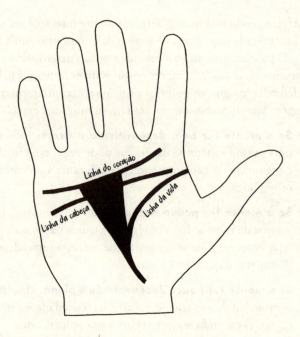

A planície de Marte

Ela é situada na área da palma que se inicia no centro, no nível do monte externo de Marte no dorso da mão, quase no pulso. A planície de Marte pode ser dividida em Marte Positivo, o Quadrilátero (chamado assim por causa de seu formato) e Marte Negativo (também chamado de Triângulo).

Essa planície nos diz, de acordo com a definição e o volume de cada monte, como ocorre a explosão de emoções intensas, como a raiva, ou, de forma mais positiva, o entusiasmo e a empolgação em buscar novos caminhos.

- **Se a planície for cruzada, composta de várias linhas finas e avermelhadas:** indicativo de agressividade reprimida, especialmente se a planície for bem definida, e de volatilidade em relacionamentos íntimos.

- **Se a planície for volumosa ou rígida:** alguém que perde a cabeça facilmente, especialmente se for provocado (pessoas jovens e vulneráveis precisarão desenvolver táticas para lidarem com isso).

- **Se a planície for pouco desenvolvida:** indicativo de um vampiro emocional que drena a energia de outras pessoas.

Marte Positivo/O Quadrilátero

Este monte costuma estar entre a linha do coração e a linha da cabeça.

- **Se o monte for nítido e bem definido:** indicativo de que o consulente é uma pessoa sincera, que protege os vulneráveis — uma atenuação das características belicosas de Marte.

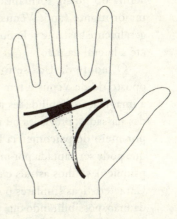

Marte Negativo/O Triângulo

Este monte está situado logo acima do monte de Vênus, formando um triângulo isósceles abaixo da linha da cabeça em conjunto com a linha da vida. Ele se une ao Marte Positivo, o Quadrilátero.

- **Se o monte for nítido:** indicativo de realizações intelectuais graças à determinação de Marte, equilíbrio entre energia mental e física, sinal de saúde física, vigor e generosidade. Aqueles que se

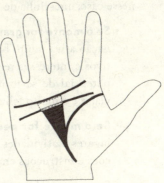

deram bem após um começo difícil na vida costumam ostentar linhas fortes neste Triângulo.

OS MONTES

- **Se o monte for fraco:** alguém que perdeu a vontade de realizar seus sonhos devido ao estresse.

O monte da Lua/Luna (localizado embaixo do Marte Negativo)

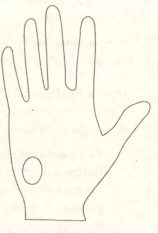

O monte da Lua está localizado logo acima do pulso, formando o segundo maior monte (após Vênus) da mão. É geralmente bastante volumoso, chegando até a lateral da mão.

O monte da Lua se forma ao lado oposto do de Vênus e tem relação com a imaginação, habilidades psíquicas, vidas passadas, previsões ou premonições por meio de psicometria (informação que pode ser captada por meio das palmas e de objetos com o toque psíquico), sonhos astrais e premonitórios e impulsos inconscientes. Características similares podem ser expressas em mais de uma área da mão, possibilitando que uma fraqueza seja contrabalanceada, ou, nesse caso, uma linha de intuição muito bem definida.

- **Se o monte for grande e definido:** indicativo de uma imaginação ativa muito bem expressada por meio de esforços criativos e interesses religiosos ou espirituais; uma pessoa com o potencial de se tornar uma inventora; alguém que gosta de viajar e é muito feliz ao ar livre.

- **Se o monte for pequeno e macio:** alguém que ama rotina, lugares e atividades familiares, e é mais feliz seguindo direções e instruções em vez de improvisando.

- **Se o monte for o maior de todos os montes da mão:** uma pessoa que é sonhadora e, por vezes, pode até perder a noção da realidade.

O monte de Vênus (localizado embaixo do polegar, em oposição ao monte da Lua)

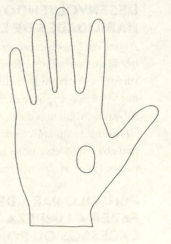

Este monte é a fonte da personalidade humana. Quando há dificuldades emocionais, ele é o mais afetado pelas circunstâncias.

Costuma ser o maior de todos os montes, percorrendo desde a base do polegar até a beira da mão ou do pulso.

O monte de Vênus, circundado e energizado pela linha da vida, representa o amor e a paixão (inclusive a sexual, mas não exclusivamente), a afeição e a sentimentalidade. Ele é influenciado, na maior parte do tempo, por mudanças significativas nos relacionamentos, sejam eles românticos, familiares ou de amizade.

- **Se o monte for alto, grande e volumoso:** alguém que deseja a beleza, a luxúria, e se sente impelido a conquistá-las de maneira possessiva.

- **Se o monte for alto e saliente ou esponjoso:** indicativo de ciúmes, autoindulgência, preguiça e sexo excessivo.

- **Se o monte for contraído, vazio ou parecer frio ao toque:** indicativo de ausência de desejo sexual, talvez por uma mágoa do passado, falta de interesse em posses materiais e em viver bem; uma pessoa mesquinha.

- **Se a linha do destino se iniciar no monte de Vênus:** alguém motivado que é bastante influenciado pela família e demonstra aptidão em atividades físicas.

DESENVOLVENDO SUAS HABILIDADES DE LEITURA

Agora você pode começar suas leituras de forma honesta, lembrando-se que o melhor a fazer no início é sempre oferecer ao seu consulente a oportunidade de lhe dizer o que ele deseja saber, a fim de que você possa aplicar essa informação na leitura de palmas para resolver os problemas da vida real. Marque os montes no seu diagrama e faça o mesmo com os da pessoa que você vem estudando, e então perceba como essa nova informação modifica ou acrescenta informações às suas descobertas anteriores.

PÊNDULO PARA DESCOBRIR E FAZER A LIMPEZA DE BLOQUEIOS, EXCESSOS OU PONTOS FRACOS

A técnica é uma extensão do método intuitivo que apresentamos na introdução deste livro: utilizar as mãos como guias para *sentir* as energias. Agora vamos usar o pêndulo — uma corrente com um cristal pendurado na ponta, facilmente encontrada em lojas de pedras, casas esotéricas ou mesmo on-line — para sintonizar as energias das mãos e fortalecer ou acalmar áreas que estejam desarmoniosas.

Vamos nos focar primeiro na mão ativa, pois é ela que costuma mostrar uma melhora quase imediata. Lembre-se de que ao trabalhar com as palmas você é capaz de equilibrar todo o campo energético corporal. Depois, experimente energizar a mão passiva, e então junte ambas as mãos, como ensinado no capítulo anterior.

Por que optamos por usar o pêndulo e não outro instrumento mágico? Sobretudo porque se você relaxar ao passá-lo sobre as linhas e montes da sua palma, a alguns centímetros acima dela, ele se moverá automaticamente, em círculos anti-horários, pelo tempo necessário para remover todas as energias negativas. Ele também pode se mover de um lado para o outro, a fim de suavizar energias excessivas, ou em sentido horário, com intensidades que variem de acordo com o propósito — seja ele de fortalecer ou de reparar linhas e montes partidos ou enfraquecidos.

Escolha um pêndulo tradicional, feito de quartzo de cristal transparente ou de ametista. Segure-o com a sua mão passiva quando estiver equilibrando as energias da mão ativa e vice-versa. Quando estiver realizando esse procedimento em outras pessoas, use sempre a mão ativa.

A graça do método do pêndulo é que, com ele, você pode treinar antes, ditando o movimento do pêndulo ao movê-lo sobre uma superfície plana, sempre a alguns centímetros de distância, pensando no que gostaria que cada movimento signifique.

Geralmente, o balançar de um pêndulo ativa energia e atividade, possibilitando que áreas mortas sejam reativadas por seus movimentos espontâneos de vaivém. Um bloqueio na palma da mão, por sua vez, costuma ser reconhecido por uma sensação de descarga nos dedos conforme o pêndulo faz movimentos espiralados para liberar a área específica. No caso de energias excessivas, por outro lado, o instrumento pode realizar círculos horários e anti-horários, alternadamente, ou até mesmo reverter os movimentos repentinamente caso se depare com uma área negativa com energias que precisam ser purificadas.

Para realizar esse ritual, apenas coloque as mãos sobre uma superfície plana, com as palmas viradas para cima, e passe o pêndulo lenta e delicadamente sobre cada linha e cada monte da mão, *sentindo* as energias e observando as direções nas quais o pêndulo se movimenta. Nesse momento, concentre-se nas energias que estiver sentindo, sejam elas um formigamento quente e gentil, ou até mesmo pontos mortos em uma linha, nos quais você será incapaz de sentir qualquer coisa.

Relaxe: confie no pêndulo para remediar qualquer ação nas suas palmas. Você saberá que terminou quando o pêndulo parar por conta própria. Trabalhe de cima para baixo, da esquerda para a direita.

Não esqueça que os cristais têm milhões de anos de idade e são muito mais sábios do que nós, humanos. A coisa mais incrível de todas é que se você confiar que seu pêndulo é capaz de se mover por conta própria e realizar os movimentos apropriados pelo tempo necessário, então todo o seu sistema energético entrará em equilíbrio, e forças intensas serão transferidas automaticamente para os lugares às quais pertencem nas palmas das suas mãos — exatamente como ocorrerá com o seu corpo.

Para finalizar, passe o pêndulo por toda a sua mão novamente, e você receberá como recompensa uma sensação gostosa, um formigamento de eletricidade, que reflete a harmonização de todas as suas energias. Todo o processo pode levar até meia hora para acontecer — e se você tiver problemas muito enraizados, ele deve ser repetido semanalmente por alguns meses.

No capítulo 7, ensinaremos como utilizar o pêndulo como aliado na leitura de mãos, de forma não só a detectar fraquezas, como também melhorar as energias.

QUIROMANCIA COM PÊNDULO E VIDAS PASSADAS

Se você segurar o pêndulo cerca de cinco centímetros acima de cada monte em sua mão passiva, a começar pelo monte de Júpiter, você poderá *enxergar* imagens com a sua mente, *ouvir* palavras, ou *receber* fortes memórias de mundos anteriores e vidas passadas nas quais as energias daquele monte específico eram predominantes. Júpiter pode oferecer flashes de vidas nas quais você assumia papéis de liderança; Saturno, vidas de trabalho árduo; Apolo, empreitadas criativas; Mercúrio, poderes de cura e sorte financeira; Marte, batalhas e conflitos; Vênus, amor e sua alma gêmea; e Lua, rituais antigos e locais sagrados.

Ao fazê-lo, anote todas essas impressões, sentimentos, imagens e palavras. Enquanto estiver escrevendo ou desenhando, mais informações podem surgir; inclusive em seus sonhos nas noites seguintes ou por meio de meditação. Com o passar do tempo, conforme analisa suas próprias vidas passadas e se torna mais experiente e sintonizada às energias, você poderá fazer isso para outras pessoas como parte de sua consulta psíquica. Com essa técnica, você poderá descobrir a origem de uma fobia e, utilizando um dos métodos de cura pelas palmas das mãos descrito ao longo do livro, poderá, pouco a pouco, remover tal medo.

5
Os Dedos

MANUAL PRÁTICO DA
QUIROMANCIA

HORA DE RECAPITULAR. CASO VOCÊ ESTEJA SE sentindo sobrecarregada com tanta informação, volte aos capítulos anteriores e tente identificar as características principais das palmas listadas em cada um deles. Para cada uma delas, leia a definição da linha ou do monte, mas foque apenas nas características de linhas ou montes bem desenvolvidos. Com o seu poder de dedução, você conseguirá descobrir facilmente como elas se diferenciam em significado de características excessivas ou pouco desenvolvidas. Pensando assim, você terá muito menos coisas para memorizar nessa altura do campeonato.

ACRESCENTANDO OS DEDOS À LEITURA DE MÃOS

Estude o máximo de mãos que puder, e ao fazê-lo, avalie rapidamente os dedos, sobretudo quando se tratar de uma pessoa grande com dedos curtos e pequenos ou uma pessoa pequena com dedos longos e grandes.

Dedos curtos, por exemplo, indicam alguém ativo, capaz de absorver informação rapidamente e que deseja conquistar tudo de uma vez só. Uma pessoa de dedos longos, por outro lado, sempre pensa antes de falar ou de agir.

Neste capítulo, nosso foco será especialmente nos dedos da mão ativa, pois é onde os efeitos da vida são vistos com maior clareza. Contudo, você notará diferenças na mão passiva, tanto em tamanho quanto em formato, uma vez que nem sempre são iguais e combinam. Assim como nossos pés. Por outro lado, ao perceber uma questão na mão ativa, observar sua outra mão, menos desenvolvida, pode fornecer uma pista sobre potenciais que não estejam sendo utilizados como deveriam, ou, de maneira oposta, onde foi que saímos dos trilhos.

Quando começar a estudar os dedos, você conseguirá notar instantaneamente como um dedo com pontos fracos pode ter sua energia compensada se o monte embaixo dele, ou até mesmo uma linha correspondente da palma, for bem desenvolvido. Se, porventura, os tamanhos dos dedos parecem difíceis de serem lidos, use um pedaço de linha ou uma pequena régua para medi-los entre si.

ONDE COMEÇAR

As falanges, os três ossos que compõem os dedos, manifestam a energia de seus montes (o polegar, por exemplo, está conectado ao monte de Vênus) e costumam representar, de cima (da ponta) para baixo: o primeiro osso, habilidades mentais/processos mentais/pensamento intuitivo; o segundo osso, a forma como esses processos são postos em ação, questões financeiras e quaisquer outros aspectos formais da vida, como os estudos; e o terceiro osso, todas as questões práticas do cotidiano.

Você pode avaliar a quantidade de energia de uma determinada área da vida, emanando dos montes, por meio do comprimento e do formato das falanges dos dedos, além, é claro, do tamanho dos montes em si.

OS DEDOS

Compare o comprimento de todos os dedos entre eles e então observe o comprimento de cada falange individualmente. Você pode achar mais fácil visualizar essas diferenças de tamanho observando os dedos pelas costas da mão. Dedos retos são o formato ideal.

Júpiter, o indicador

O dedo indicador, aquele que indica o que desejamos da vida, tem as mesmas características do monte de mesmo nome, e a força de um pode compensar a fraqueza do outro. Isso se aplica a todos os outros quatro dedos planetários e aos montes correspondentes.

O dedo de Júpiter se refere à personalidade inata, à ambição, à autoconfiança, à liderança, ao altruísmo, à autoridade e à boa sorte. Ele deve ter aproximadamente o mesmo tamanho do dedo de Apolo, trazendo equilíbrio, foco e a possibilidade de alcançar objetivos realistas.

- **Se o dedo de Júpiter for mais comprido que o dedo de Apolo:** indicativo de uma pessoa com iniciativa e capacidade de ser um sucesso mundial, um líder natural e benevolente e um ótimo professor ou mentor. Contudo, observe linhas ou marcas excessivas no dedo de Júpiter, pois elas podem indicar esgotamento físico ou mental.

- **Se o dedo for longo demais e muito carnudo:** indicativo de uma pessoa espalhafatosa, exagerada.

- **Se o dedo de Júpiter for mais curto que o dedo de Apolo:** indicativo de que seu portador pode ser uma pessoa muito influenciável pelos desejos e opiniões de terceiros, principalmente na carreira; contudo, em alguém de mais de 50 anos, isso pode significar sabedoria sobre quando e como agir.

- **Se o dedo de Júpiter for muito curto, acabando no meio da primeira falange do dedo de Saturno:** alguém mesquinho que se esconde atrás de figuras de autoridade.

Falanges de Júpiter

- **Se a primeira falange for comprida:** indicativo de um líder carismático que sabe instintivamente as coisas certas a dizer e fazer para inspirar outras pessoas; alguém autoconfiante que não precisa da aprovação de terceiros.

- **Se a segunda falange for comprida:** indicativo de um líder poderoso, muito ambicioso, que não está disposto a se comprometer e muito menos consultar outras pessoas; alguém que pode ser egoísta caso esteja focado no que lhe parece o caminho certo.

- **Se a segunda falange for curta:** indicativo de interesse religioso e em sistemas tradicionais de crenças que só aumenta ao longo dos anos.

- **Se a terceira falange for longa:** indicativo de questões práticas de sucesso no cotidiano, desde que o indivíduo não perca o propósito original de vista; alguém inclinado a ser arrogante.

- **Se a terceira falange for curta:** alguém que está mais focado em buscar a felicidade pessoal que realizações mundanas.

Saturno, o dedo médio

O dedo de Saturno costuma ser o mais comprido de todos e deve servir de referência para a medida de todos os outros dedos.

Ele representa nossa personalidade adquirida, responsabilidade, dever, valores e ideais, a criação de limites para o Eu e para outras pessoas, avanço lento conseguido por meio de caminhos convencionais, como investimento na compra de propriedades ou uma carreira segura; sabedoria e introspecção.

- **Se o dedo tiver o comprimento parecido com os outros dedos:** indicativo de que esse alguém será mais influenciado pelo significado dos outros dedos em prioridades e valores.

- **Se o dedo for comprido:** uma pessoa de princípios, bastante séria, que raramente relaxa ou se diverte.

- **Se o dedo for curto em comparação com o dedo de Júpiter e o de Apolo:** alguém que acha difícil tomar a iniciativa, sendo mais feliz em um ambiente controlado por outras pessoas, com regras predefinidas e um caminho profissional estável.

Falanges de Saturno

- **Se a primeira falange for longa:** alguém pessimista que desconfia das outras pessoas.

- **Se a segunda falange for longa:** indicativo de uma abordagem tradicional de vida, alguém bom em acordos imobiliários, muito cauteloso sobre mudanças; também pode sofrer de complexo de superioridade.

- **Se a terceira falange for longa:** a falange do jardineiro, alguém que é bom com tudo que envolve a terra, os animais e a vida selvagem.

Apolo, o anelar

Apolo, o terceiro dedo da mão, costuma ter o mesmo tamanho do dedo de Júpiter. Ele representa criatividade, especialmente nas artes, desejo de fama e reconhecimento, dons científicos e tecnológicos, e sorte no dinheiro.

- **Se o dedo for longo, chegando até metade da primeira falange de Saturno:** alguém que abraça todas as oportunidades da vida, tem muita sorte nos negócios e em especulação imobiliária, sente-se feliz dentro da própria pele e é muito sociável. Este dedo recebe o nome de "dedo do apostador".

- **Se o dedo for curto, terminando na parte de baixo da falange de Saturno:** alguém que prefere imitar outras pessoas em vez de confiar nas próprias ideias, uma pessoa a quem falta inspiração e determinação.

Falanges de Apolo

- **Se a primeira falange for a maior:** alguém que consegue alcançar o topo do sucesso por vias criativas — tornando-se famoso, inclusive.

- **Se a segunda falange for a maior:** indicativo de que o pensamento criativo e a criatividade serão benéficas em qualquer carreira escolhida, que essa pessoa ama tudo que é belo, é bastante carismática e detesta bagunça.

- **Se a terceira falange for a maior:** indicativo de sucesso material, extravagância, posses e estilo de vida calcado na ostentação, mesmo que seu portador acabe se endividando por isso.

Mercúrio, o dedo mínimo

O dedo de Mercúrio geralmente está paralelo com a última falange do dedo de Apolo. Preste atenção caso ele esteja localizado ainda mais baixo. Use uma linha para medir os dedos, se necessário.

O dedo de Mercúrio representa persuasão nas vendas, habilidade de fazer dinheiro, comunicação por meio do entretenimento — como dança, canto, atuação —, advocacia, sagacidade nos negócios, poderes psíquicos e de cura.

- **Se o dedo for longo, chegando até, ou mesmo ultrapassando, a última falange do dedo de Apolo:** indicativo de que a pessoa tem muita autoconfiança na vida social e no sexo, é abençoada em todas as suas empreitadas, tem a tendência de desqualificar a opinião de outras pessoas e pode ser um pouco incomum.

- **Se o dedo for curto:** alguém que não acredita em si mesmo, estando em uma busca constante por perfeição e pela felicidade, uma pessoa bastante tímida no sexo e que pode ser uma ótima conselheira.

- **Se o dedo for curvo:** alguém muito conectado à família, podendo até ser dominado por ela, especialmente pelos pais; no futuro, é possível que seja chacota entre as crianças da família ou da vizinhança.

- **Se o dedo for torto:** alguém de meias-verdades, manipulador e que prefere o sexo ao amor.

Falanges de Mercúrio

- **Se a primeira falange for a maior:** indicativo de uma natureza persuasiva, alguém muito bom com as palavras, um vendedor supremo; tem boas chances na política ou no direito e pode se dar bem no ramo do entretenimento.

- **Se a segunda falange for a maior, a falange do escritor:** pode fortalecer o tridente do escritor presente na linha da cabeça.

- **Se a terceira falange for a maior:** alguém muito bom em fazer dinheiro, em empreitadas de negócios, mas pode nem sempre ser justo em seus acordos, podendo, inclusive, se dar melhor em conversa fiada do que em expressar as próprias emoções.

INCLINAÇÃO DOS DEDOS

Os dedos sofrem influência na direção dos quais se inclinam.

- **Se o dedo de Júpiter for inclinado na direção do polegar:** indicativo de alguém que sempre quer estar no comando das pessoas e situações; se for inclinado demais, pode representar alguém egoísta e egocêntrico.

- **Se o dedo de Júpiter for inclinado na direção do dedo de Saturno:** alguém que procura apoio, especialmente em figuras de autoridade; também pode indicar dependência.

- **Se o dedo de Saturno for inclinado na direção do dedo de Apolo:** indicativo de alguém com muitos interesses, mas que não se arriscará no mercado de trabalho, podendo, de certa forma, autossabotar-se inconscientemente.

- **Se o dedo de Apolo for inclinado na direção do dedo de Mercúrio:** alguém muito persuasivo com as palavras, um vendedor brilhante; um dedo que também pode ser encontrado em curandeiros, cuidadores e naqueles que desistem de seus sonhos para cuidar de algum membro da família doente ou com alguma deficiência.

O POLEGAR

O polegar representa força de vontade e motivação, lógica, perseverança e competência. Se você não conseguir identificar a terceira falange com facilidade, calcule-a pelo vinco semicircular no monte de Vênus, geralmente circundado pela linha da vida.

O polegar costuma chegar até a terceira falange do dedo de Júpiter, se você juntar os dois dedos. De qualquer forma, use uma fita para medir os comprimentos e perceber se os seus polegares são menores do que o habitual.

- **Se o polegar estiver posicionado de forma mais elevada na mão:** alguém focado, sempre pronto para aventuras e para o inusitado, incluindo viagens.

- **Se o polegar estiver posicionado de forma mais baixa na mão:** alguém cauteloso sobre a segurança de suas ações, que sempre olha antes de se jogar no que deseja (se é que se joga, afinal).

- **Se o polegar for grande:** alguém desesperado para vencer, podendo, assim, ignorar as consequências de suas ações.

- **Se o polegar for excessivamente grande ou grosso em comparação com os outros dedos:** uma pessoa tirânica que pode ter questões de raiva ou autocontrole caso seja desafiado (confira o poder de Marte na mão desse indivíduo).

- **Se o polegar for grosso e bulboso:** alguém volátil que pode reagir exageradamente à menor provocação.

- **Se o polegar for curto:** uma pessoa que se coloca como liberal, contudo, se for desafiada em questões pessoais, se enfiará de cabeça no conflito; além disso, pode ter uma baixa performance nos negócios e, por isso, precisará de encorajamento; pode achar difícil se autocontrolar. Cheque a outra mão para ver se ela segue o mesmo padrão.

- **Se o polegar for pouco desenvolvido:** alguém que permite que outras pessoas ditem a sua vida, que é facilmente desencorajado.

- **Se o polegar se afunilar no meio:** alguém muito solidário, sempre atento a sinais não verbais.

- **Se o polegar for fino:** uma pessoa oportunista e calculista, pouco dada a indulgências.

OS ÂNGULOS E A FLEXIBILIDADE DO POLEGAR

Considere a flexibilidade do polegar pela mobilidade da primeira falange. Se a mão passiva tiver um polegar mais flexível que a mão ativa, isso pode indicar que a pessoa tem o potencial de relaxar um pouco mais.

- **Se o dedo for rígido:** alguém prático, determinado, ético, que se dá bem com questões financeiras, mas pode ser um pouco frio emocionalmente.

- **Se o dedo for flexível (a pessoa conseguir dobrá-lo):** uma pessoa generosa, de boa natureza, mas que pode ser ingênua acerca das intenções de outras pessoas e imprudente com questões financeiras.

- **Se o ângulo entre o polegar e o dedo de Júpiter for bastante largo:** a pessoa mais generosa de todas, de coração aberto, às vezes generosa demais, que sempre corre ao resgate quando há injustiça (analise o Marte também).

- **Se o polegar estiver a um ângulo de 45° graus da mão:** alguém mente aberta, honesto e tolerante, mas que não tem vocação para rebeldia.

- **Se o ângulo entre o polegar e o dedo de Júpiter for estreito:** alguém muito focado em questões familiares, indiferente a causas maiores.

- **Se o polegar estiver localizado muito alto na mão, próximo demais da primeira junta do dedo de Júpiter:** alguém que tem problemas para se adaptar a novas situações, ideias, pessoas ou estilos de vida diferentes do seu.

- **Se o polegar estiver localizado muito baixo na mão:** alguém independente, de pensamento original, sempre feliz em seguir um caminho único de vida desde cedo, podendo, inclusive, agir como um rebelde.

As falanges do polegar

Idealmente, as duas falanges de cima do polegar, a primeira representando a força de vontade e a segunda representando a lógica, devem estar em equilíbrio para que seu portador tenha ideias realistas e consiga colocá-las em prática.

- **Se a primeira falange for longa:** pode mostrar que essa pessoa é possivelmente um gênio, mas corre o risco de cometer erros devido à pressa.

- **Se a primeira falange for curta:** alguém que prefere pensar e sonhar com planos grandiosos do que realizá-los.

- **Se a segunda falange for longa:** indicativo de alguém sábio e diligente, que pensa e planeja tudo, mas, ao mesmo tempo, pode pensar demais e criar obstáculos e problemas que podem nunca acontecer.

- **Se a segunda falange for mais estreita no meio:** uma pessoa diplomata em essência e excelente negociante.

- **Se a segunda falange for curta:** alguém que segue adiante com seus planos sem refletir sobre eles.

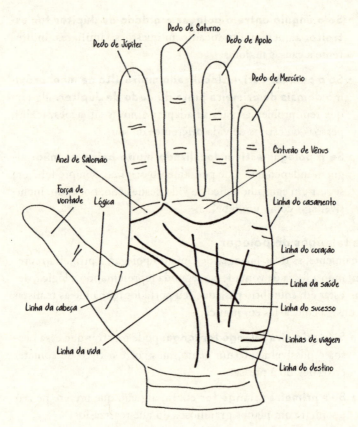

A terceira falange do polegar termina no monte de Vênus e é a fonte da vitalidade, do bem-estar e da forma como seu portador se relaciona com as necessidades dos outros:

- **Se a falange for cheia e firme:** um sinal de boa saúde, de alguém de natureza afetuosa, mas que sempre coloca outras pessoas acima de seus próprios ganhos pessoais.

- **Se a falange for bem desenvolvida com a primeira e a segunda falanges curtas:** indicativo de intensos desejos sexuais.

- **Se a falange parecer inexistente porque o monte de Vênus parece vazio:** alguém que pode achar difícil unir lógica aos sentimentos, por isso, pode achar reações emocionais meio confusas.

DESENVOLVENDO SUAS HABILIDADES DE LEITURA

Quanto mais detalhes sobre as mãos você aprender, mais contradições você encontrará. Não pense que sua leitura está incorreta. Somos todos seres contraditórios, cheios de conflitos internos, e nada melhor que uma conversa durante a leitura para resolver essas questões.

Quando tiver marcado e explorado todas as informações sobre seus dedos — e os da pessoa com os quais está trabalhando desde o início deste livro — nos diagramas que tem preenchido, você estará pronta para escrever um perfil sobre suas descobertas.

Enquanto isso, tente analisar o que aprendeu sobre dedos em momentos casuais do seu cotidiano, tentando descobrir informações sobre as mãos das pessoas que observar.

Ao realizar o perfil, comece com a sua própria mão ativa, de forma a criar um esquema que seja útil para leituras futuras. Você pode acrescentar a mão passiva da mesma forma quando estiver desenvolvendo os perfis no capítulo 7, adicionando as marcas e as linhas auxiliares do capítulo 3.

CRIANDO UM PERFIL BÁSICO

Desenhe um novo diagrama, preencha-o com detalhes sobre sua mão ativa e vá adicionando as características conforme segue.

O primeiro perfil pode levar um tempo para ser feito, por isso use a própria mão ou a da pessoa com quem tem trabalhado em seus estudos, de forma a adicionar a informação na ordem a seguir. Quando estiver lendo mãos, você usará a sua intuição se alguns fatos parecerem se esquivar de você. É possível trabalhar com os diagramas da mão ativa que você já criou, mas pode ser mais fácil criar um diagrama novo usando as instruções na sequência.

Para facilitar, usaremos apenas as quatro linhas principais dos capítulos 1 e 2, algumas linhas auxiliares, outras linhas importantes, como as do casamento e dos filhos, se elas forem uma questão no momento da leitura (capítulo 3), os montes (capítulo 4) e os dedos.

Embora, no capítulo seguinte, apareçam novas linhas e marcas que possam ser acrescentadas ao seu perfil, se preferir, você pode continuar utilizando este diagrama mais básico só para estudar, e então adicionar linhas relevantes — como as linhas de viagens — se encontrar perguntas cujas respostas se relacionem a elas.

Crie abreviaturas, por exemplo, a imagem de uma montanha para indicar um monte bem desenvolvido e uma montanha de cabeça para baixo para designar um monte vazio. Outra opção é desenhar setas para indicar de que lado um dedo se inclina na direção do outro.

Quando estiver praticando com as linhas, os montes e suas definições, folheie o livro para encontrar as definições básicas. Leve o tempo que precisar.

Está com a lente de aumento a postos? Ótimo. Observe a imagem da mão ilustrada neste capítulo para guiar-se sobre as posições das linhas mais relevantes, dos montes, e assim por diante, como explanado nos capítulos anteriores. Para cada linha, monte, dedo etc., faça anotações no seu perfil (deixe um espaço entre cada entrada) sobre características significativas, pontos fortes e possíveis armadilhas.

O PERFIL

Você pode escrever ou imprimir esta folha, mas também pode criar um modelo de sua mão ativa.

Nome:

Idade:

Perguntas ou questões especiais que poderiam ser respondidas por meio desta leitura:

As linhas:
    Linha do coração
    Linha da cabeça
    Linha da vida
    Linha do destino
    Linha de Apolo ou do Sol
    Linha da saúde
    Linha da intuição (opcional)
    Linha do casamento ou do relacionamento e Linha dos filhos
Quaisquer interações significativas formadas por essas linhas:
Os montes:
    Monte de Júpiter
    Monte de Saturno
    Monte de Apolo
    Monte de Mercúrio
    Monte e Planície de Marte
    Monte da Lua ou da Luna
    Monte de Vênus
Quaisquer interações significativas entre as linhas e os montes:
Dedos:
    Polegar
    Júpiter, o indicador
    Saturno, o dedo médio
    Apolo, o dedo anelar
    Mercúrio, o dedo mínimo
Quaisquer interações significativas entre os dedos e os montes:
Resumo dos pontos fortes e dos pontos fracos da mão:
(Ação sugerida/melhorias/mudanças no estilo de vida relacionadas à mão como um todo para responder perguntas feitas pelo indivíduo — a solução dos problemas se dará por meio da conversa com o consulente).

6

As Diferentes Marcas nas Palmas

MANUAL PRÁTICO DA
QUIROMANCIA

As marcas nas palmas das mãos estão propensas a mudanças em curtos períodos de tempo sempre que existe uma alteração no estilo ou na própria vida (que pode, inclusive, ocorrer devido a uma leitura que possa ter colocado as coisas sob outra perspectiva). Essas marcas podem ser alteradas de maneira positiva pela cura com uso do pêndulo, com a ajuda das pedras energéticas de polegar e ao unir ambas as mãos para equilibrar as energias. A melhor forma de examinar essas marcas é utilizando uma lente de aumento.

No total, temos mais marcas na nossa mão ativa, mas as marcas presentes na mão passiva podem representar questões mal resolvidas do passado, fraquezas ou pontos fortes que estejam sendo inutilizados nesta vida, mas que podem ser modificados e ativados uma vez que sejam reconhecidos. Por exemplo, o já mencionado tridente do escritor, no fim da linha da cabeça, a marca do autor e comunicador, pode estar presente na mão passiva como um sonho que deve ser despertado.

Da mesma forma, na mão ativa, os mesmos sinais podem aparecer diversas vezes na mesma linha, no passado, no presente e no futuro. Pode indicar, por exemplo, um familiar que sempre tenha desencorajado o consulente, do início da vida até hoje, impedindo-o de realizar mudanças significativas ou resolver alguma questão importante; quando a situação estiver resolvida, as marcas costumam desaparecer com o passar do tempo.

Embora eu descreva cada uma delas separadamente, as marcas são mais significativas quando se relacionam com as linhas, os montes ou as áreas da palma sobre as quais se cruzam ou se sobrepõem. Apesar do que dizem alguns livros sombrios e antiquados de quiromancia, morte, desastres ou doenças terminais nunca podem ser previstas em uma leitura de mãos; contudo, algumas marcas sugerem que você deveria cuidar melhor de você mesma.

COMPREENDENDO AS MARCAS

As marcas podem tanto ser positivas quanto negativas e indicam bloqueios, interrupções, ou mesmo uma fonte adicional de poder em alguma linha ou monte. A melhor forma de *senti-las* é por meio do toque ou do pêndulo, assim, é possível notar se há ali alguma energia morta, algum nó ou um acúmulo de poder. Após essa leitura inicial, você pode falar sobre o significado de cada uma e oferecer uma cura com pêndulo, se achar necessário. Depois, observe os pontos fortes em cada mão que possam oferecer pontos positivos para ajudar a manter as coisas em movimento e transformar os desafios em oportunidades.

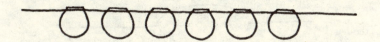

ELOS DE CORRENTE

Círculos unidos, parecidos com elos de correntes: obstáculos que você está enfrentando ou que já enfrentou (inclusive como conflitos de vidas passadas, muito presentes na mão passiva).

- **Se estiverem presentes na linha do coração:** se estiverem localizados no passado, na mão ativa, podem sinalizar contratempos no amor que não tenham sido propriamente resolvidos; no presente, provavelmente há questões no seu atual relacionamento que precisam ser resolvidas.

- **Se uma corrente bem demarcada estiver presente em toda a área da linha do coração:** indicativo de alguém sentimental demais, possessivo demais, ou emocionalmente dependente demais.

- **Quaisquer linhas com correntes muito nítidas e aprofundadas:** indicativo de que há uma energia sendo drenada, talvez demandando uma necessária mudança de estilo de vida, redução do estresse, uma dieta mais saudável ou a prática de exercícios leves.

- **Se a linha da cabeça tiver correntes:** indicativo da existência de muitas direções alternativas e distrações que a afastam do seu caminho; alguém que se enfia em muitos projetos ao mesmo tempo, mas não completa nenhum deles de forma satisfatória.

ILHAS

As ilhas, marcas ovais que podem ser únicas ou recorrentes, indicam interrupções desfavoráveis na vida. Se elas estiverem no futuro, veja como um planejamento prévio pode revertê-las. Contudo, às vezes, uma ilha pode indicar tempo que deve ser dedicado ao lazer, tempo consigo mesma, repensar prioridades.

- **Se estiverem presentes na linha da vida:** indicativo de estresse ou depressão.

- **Se estiverem presentes na linha do destino:** indicativo de problemas financeiras que se acumulam depois de certo tempo.

- **Se estiverem presentes na linha do coração, de forma contínua:** indicativo de questões emocionais mal resolvidas na infância (veja se começam do início); problemas com confiança e comprometimento nos relacionamentos.

- **Se estiverem presentes no monte de Júpiter:** indicativo de um retrocesso em ambições sobre as quais não se deve medir esforços, sendo necessário pensar em outros pontos fortes na mão, como o poder do dedo de Júpiter ou do polegar, que possam oferecer novos recursos.

- **Se houver apenas uma no monte de Vênus:** alguém tentado a ter um caso amoroso, uma indicação de insatisfação dentro de um relacionamento.

- **Se formarem uma trança:** se elas se trançarem como em um bordado, isso pode indicar um acúmulo de tensões familiares, provavelmente algo que tem acontecido há anos, algo sobre o qual o consulente deveria conversar ou até mesmo procurar alguma forma de cura.

LINHAS DE PREOCUPAÇÃO

Linhas finas e numerosas que surgem da base do polegar até a linha da vida, chegando, inclusive, a cruzá-la. Contudo, também podem ser encontradas em outras partes da palma.

- **Se elas estiverem na mão passiva:** indicativo de alguém que se preocupa demais, que está precisando de mais momentos de relaxamento e meditação para evitar o esgotamento mental causado pela preocupação com coisas que provavelmente jamais acontecerão.

QUADRADOS

Os quadrados na linha da vida são sinais positivos, atenuando sinais menos positivos que estejam próximos a eles.

O quadrado amplifica os pontos fortes e a boa sorte do monte ou da linha no qual esteja presente, sendo especialmente significativo se estiver próximo a um triângulo. É um símbolo de virilidade e fertilidade, principalmente se estiver localizado nos montes de Vênus ou da Lua.

- **Se estiver presente ao redor do monte da Lua ou na linha da intuição:** indicativo da presença de um guia espiritual ou anjo da guarda; se estiver presente no futuro, pode significar o encontro com um mentor espiritual ou um guru, ou então a possibilidade de tornar-se um você mesmo.

- **Se ele estiver sobre ou ao redor do monte de Júpiter:** indicativo de um professor talentoso ou de alguém que ministra cursos focados em interesses pessoais ou terapias alternativas.

CRUZES

Apesar do nome, as cruzes costumam ter significados positivos e anunciam grandes mudanças cujos resultados, mesmo que inicialmente pareçam caóticos, trazem consigo novas oportunidades.

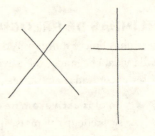

Cruzes menos positivas (lembre-se de *sentir* as energias) significam influências externas que possam estar causando estresse, como algo ou alguém pressionando a tomada de uma decisão. Se a cruz *parecer* pesada, converse sobre a questão que está causando tantas dúvidas. Talvez se trate de algo que o consulente não deseja realmente, mas sim que optou por fazer apenas para manter a paz.

- **Se estiver presente no monte de Júpiter:** alguém que está pronto para novas experiências, principalmente se houver uma marca de grade por perto.

- **Se for uma cruz posicionada entre a linha do coração e a linha da cabeça, a Cruz Mística:** alguém com dons nas artes psíquicas e nas terapias alternativas, podendo, inclusive, seguir carreira na área.

GRADES

As grades costumam ser encontradas mais perto de montes que de linhas e representam a necessidade de liberdade em áreas da sua vida nas quais você se sente aprisionada. Ao identificar e superar a marca de uma grade,

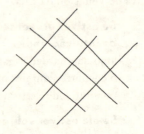

o consulente libera energias que são capazes de libertá-lo de antigos padrões de comportamento ou de uma pessoa que possa estar o impedindo de viajar ou de experimentar coisas novas. As grades respondem muito bem à cura com o pêndulo.

- **Se as grades aparecerem por toda a palma:** dê um passo para trás e tente enxergar quem ou o quê está causando toda essa drenagem de energia e todo esse incômodo.

PONTOS

Os pontos costumam aparecer em uma fileira em qualquer área da palma e são preenchidos, diferentemente das ilhas e dos elos de correntes, que são vazados. Especialmente se estiverem próximos a linhas de preocupação, eles representam apreensão com a saúde ou medos, como medo de perder o emprego ou de ver um relacionamento chegar ao fim. Eles não preveem desastres, contudo, questionam o porquê dos medos: se, por exemplo, o medo da infidelidade não vem de decepções passadas, ou se há alguém próximo a você se comportando de maneira a dar vazão aos seus medos. Independentemente de qual seja essa angústia, fazer um check-up médico caso esteja ignorando alguns sintomas, conversar com um colega de trabalho em vez de dar ouvidos a rumores, ou ter uma conversa franca e honesta com o seu parceiro, geralmente, fazem com que esses pontos desapareçam.

ESTRELAS

Estrelas na palma indicam sucesso e boa sorte na área, monte ou linha na qual elas apareçam, destacando os pontos fortes representados por essas linhas e montes. A única desvantagem dessa marca é que seus portadores podem conseguir as coisas de forma fácil demais, por isso não se esforçam o suficiente, ou então se contentam em sempre com o segundo melhor.

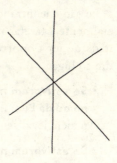

- **Se a linha começar após uma estrela:** indicativo de muitas realizações, mas após uma longa estrada.

- **Se a linha terminar em uma estrela:** indicativo de sucesso total, geralmente envolvendo viagens e até mesmo a fama.

- **Se a estrela estiver no monte da Lua:** indicativo de sucesso midiático, o sinal da celebridade.

- **Se a estrela estiver no monte da Lua ou de Saturno:** indicativo de alguém em uma posição de destaque, de realizações públicas.

ESPIGAS

Marcas em formato de espiga ou linhas esfiapadas nas palmas das mãos indicam confusão temporária, ou um impasse conectado àquela linha ou monte. Eles podem desaparecer assim que a confusão for solucionada; também podem significar que é o momento de dar um passo para trás se a situação caótica estiver vindo de uma outra pessoa.

TRIÂNGULOS

Os triângulos representam sorte, indicando sucesso na área da palma ou nas linhas onde são encontrados, referindo-se especialmente a tarefas múltiplas e quando há mais de uma oportunidade presente em um só lugar.

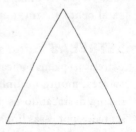

- **Se estiverem nos montes de Saturno ou da Lua:** indicativo de poderes psíquicos ou de cura que podem levar seu portador a uma carreira na mídia.

- **Se estiverem nos montes de Apolo ou de Mercúrio:** indicativo de uma mente aguçada, promessa de reconhecimento financeiro, científico ou de sucesso nos negócios, inclusive internacionalmente.

- **Se houver um pequeno triângulo no centro da palma da mão:** indicativo da habilidade de ganhar dinheiro por meio das próprias habilidades.

- **Se houver um triângulo fechado:** indicativo de que essa pessoa é muito boa em guardar dinheiro.

- **Se houver um triângulo aberto:** indicativo de que essa pessoa gasta muito dinheiro, mas que também ganha muito bem.

- **Se houver um segundo triângulo dentro dele:** indicativo de que investir em ações ou em propriedades imobiliárias trará lucros a longo prazo.

O GRANDE TRIÂNGULO

Uma marca permanente criada pela conjunção entre linha da vida, linha da cabeça, linha do destino e linha da saúde, um sinal de sucesso para toda a vida.

- **Se ele for largo:** indicativo de visão ampla e pensamento lateral.

- **Se ele for estreito e muito angular:** indicativo de pensamento convencional e crenças tradicionalistas.

TRIDENTES

- **Se o tridente estiver presente em qualquer lugar da palma:** indicativo de sorte nas áreas da saúde, riqueza e felicidade, geralmente enaltecendo as qualidades positivas das linhas das mãos.

- **Se o tridente estiver apontando para baixo:** indicativo de que não se deve deixar que as oportunidades sejam tiradas de você ou que não se deve enxergar a boa sorte de maneira leviana.

ADICIONANDO AS MARCAS À LEITURA DE MÃOS

Quando tiver aprendido o significado de cada uma dessas marcas, passe o pêndulo ou sua mão ativa (ou passiva, caso esteja estudando a mão ativa) alguns centímetros acima de cada uma das linhas e montes para sentir qual é a intensidade e a energia positiva de cada uma das marcas. Nessa hora, imagens, impressões e palavras podem vir espontaneamente à sua mente.

Complete os diagramas das suas mãos — ou da pessoa com quem você tem trabalhado — adicionando essas novas marcas. Note como elas funcionam de maneira a amplificar ou reprimir as energias presentes nos montes e linhas com os quais se relacionam. Assim que tiver acrescentado essa nova informação nos diagramas, você conseguirá fazer comparações sobre como o potencial se relaciona com o real.

Ao fazer leituras envolvendo essas marcas, não se esqueça de datar as leituras, pois três meses após a sessão é possível que algumas tenham mudado ou até mesmo desaparecido. Isso modifica as energias do monte, da linha ou de toda a área na qual estão presentes.

Um bom exemplo disso são as linhas finas e vermelhas presentes na planície de Marte que significam raiva. Para confirmar, passe os dedos ou o pêndulo sobre toda a área de Marte. As energias lhe parecem hostis demais? Confira a área inativa de Marte na sua mão passiva para checar se a agressividade é um traço inato de família ou foi causado pelas circunstâncias, como por más experiências, injustiças e assim por diante, fatos que podem ser checados na mão ativa.

Em contrapartida, é possível que seu potencial para a raiva, presente na mão passiva, esteja sendo reprimido na sua mão ativa, sendo retratado por meio de correntes ou grades (indicativos de uma saúde deteriorada)? Por outro lado, e por um viés mais positivo, será que toda essa raiva não está sendo direcionada em ações e conquistas simbolizadas por um quadrado ou um triângulo?

Outra coisa para se observar é: havendo marcas em alguns montes da mão passiva, elas também estão presentes na mão ativa? Ou será que foram substituídas por experiências de vida ou estão apenas esperando a hora certa para emergir, principalmente em questões de sorte?

CURA E MODIFICAÇÃO DAS MARCAS

Você pode usar o método explicado no capítulo 3, a pedra de polegar ou o pêndulo para transferir energia da mão passiva para a mão ativa, eliminando excesso e fortalecendo pontos fracos.

Como sugerido no capítulo 4, você pode utilizar um pêndulo, em sentido anti-horário, para desatar nós; na diagonal, para suavizar energias hiperativas; e em sentido horário para energizar, na palma toda, mas principalmente nas marcas e em lugares que pareçam negativos ou, de certa forma, bloqueados.

Segure o pêndulo alguns centímetros (quatro ou seis) acima de cada marca problemática e deixe que ele se mova de acordo com o próprio ritmo pelo tempo que for necessário. Você também pode ensinar esse método aos seus consulentes.

Outra opção é usar óleo essencial* de rosa ou de lavanda para massagear gentilmente marcas, linhas problemáticas ou montes. Como as palmas das mãos estão ligadas a todo o campo energético do seu corpo, especialmente por meio da energia central do coração, esse tipo de intervenção harmoniza de forma bastante positiva todas as suas energias. Com ela, você sentirá alívio e perceberá que novas soluções se apresentarão para você. Embora seja mais comum trabalhar com a mão ativa, massagear a mão passiva também pode ajudar a liberar potencial inutilizado.

---

* Não é recomendado o uso de óleos essenciais puros sobre a pele, então lembre-se de diluí-lo corretamente em óleos vegetais ou cremes de base neutra.

EXPANDINDO O PERFIL DE LEITURA DE MÃOS

Até que você possa traçar o perfil de alguém automaticamente, vamos monitorar apenas a mão ativa. Embora, claro, você possa, como já mencionado anteriormente, fazer comparações entre mãos se quiser conferir algo específico; como uma marca que tenha aparecido ou se um monte subdesenvolvido sempre teve esse formato. Marque quaisquer falhas ou ramificações.

Utilize uma lente de aumento, mesmo que esteja usando como material uma fotografia ampliada. Converse com seu consulente de maneira espontânea, iniciando o diálogo aos poucos.

Tenha em mãos um novo diagrama para retratar a mão ativa (mas em tamanho reduzido) e a coloque no topo do perfil já traçado, a fim de que possa desenhar os novos detalhes percebidos e não apenas escrevê-los.

Agora acrescente as linhas e marcas adicionais listadas neste capítulo, tanto ao novo diagrama no topo da folha, quanto na parte já escrita. Mais uma vez, crie suas próprias abreviaturas e símbolos para indicar as características dos montes ou outras atividades incomuns. Se alguma linha do livro estiver ausente na mão, anote-a mesmo assim e tire conclusões sobre o seu significado.

O PERFIL

Você pode escrevê-lo à mão ou imprimir esta folha. (Deixe espaço entre as categorias para fazer comentários.)
Nome:
Idade:
Perguntas ou questões especiais que poderiam ser respondidas por meio desta leitura:
As linhas:
    Linha do coração
    Linha da cabeça
    Linha da vida

Linha do destino
Linha de Apolo ou do Sol
Linha da saúde
Linha da intuição (opcional)
Linha do casamento ou do relacionamento e Linha dos filhos
Quaisquer interações significativas formadas por essas linhas:
Os montes:
Monte de Júpiter
Monte de Saturno
Monte de Apolo
Monte de Mercúrio
Monte e Planície de Marte
Monte da Lua ou da Luna
Monte de Vênus
Quaisquer interações significativas entre as linhas e os montes:
Rascetas (linhas de bracelete na parte interna do pulso, logo abaixo da palma):
Bracelete 1: saúde, o mais próximo à palma
Bracelete 2: prosperidade
Braceletes 3 e 4: autoridade e status
Quaisquer interações significativas entre as linhas e os montes:
Dedos:
Polegar
Júpiter, o indicador
Saturno, o dedo médio
Apolo, o dedo anelar
Mercúrio, o dedo mínimo
Quaisquer interações significativas entre os dedos e os montes:
Marcas (desenhe-as individualmente nos dois diagramas e acrescente comentários.)
Resumo dos pontos fortes e dos pontos fracos da mão:
Ação sugerida/melhorias/mudanças no estilo de vida relacionadas à mão como um todo para responder perguntas feitas pelo indivíduo (a solução dos problemas se dará por meio da conversa com o consulente).

7
Uma Leitura de Mãos Detalhada

MANUAL PRÁTICO DA
QUIROMANCIA

AO DEDICARMOS TEMPO À ARTE DA LEITURA DE mãos, sempre nos conectamos com tradições ancestrais. Pinturas pré-históricas de mãos com símbolos mágicos, por exemplo, foram encontradas em paredes de cavernas em lugares distantes um do outro, como França, África e Austrália anterior à colonização britânica, esta última datando de mais de 40 mil anos a.C. A quiromancia como arte divinatória, contudo, segundo muitos estudiosos da área, originou-se na Índia há mais de 4.500 anos, e, a partir daí, imigrou para a China por meio de rotas de comércio, seguindo na direção oeste, rumo ao Egito e à Grécia antigos.

Um livro intitulado *Physiognomy & Palmistry* foi escrito por Pitágoras, o filósofo e matemático grego, entre 582 a.C. e 497 a.C. Há registros de que também Aristóteles, Augusto e Júlio César, os grandes imperadores romanos, dominavam a arte da quiromancia.

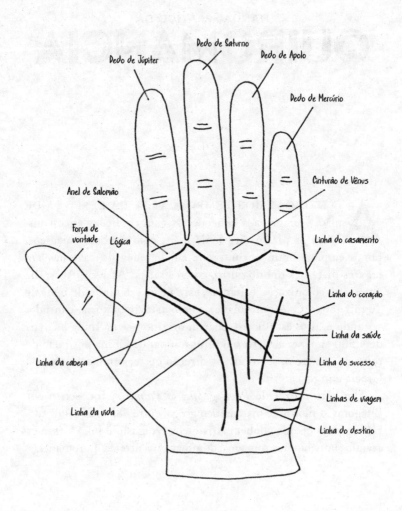

UMA LEITURA COMPLETA

Assim que se sentir pronto, comece a ler as palmas das mãos de conhecidos, amigos e familiares. O quanto essas leituras serão formais ou detalhadas é algo que diz respeito inteiramente a você e que pode variar de acordo com as necessidades do seu consulente. Às vezes, a leitura será divertida, algo de apenas cinco ou dez minutos, focada em apenas uma das mãos; uma rápida avaliação da mão ativa apenas para responder a uma questão específica comparando brevemente os potenciais inativos da mão passiva; ou poderá durar uma hora e meia, caso você deseje formular um perfil para cada uma das mãos, principalmente na existência de grandes mudanças de caminho, a fim de tirar suas próprias conclusões (acrescente a categoria *Conclusões Gerais e Recomendações* ao fim do diagrama da sua mão ativa, se quiser).

LEITURA INTUITIVA

Na prática, muitas leituras de mãos responderão a perguntas específicas, em vez de simplesmente avaliarem, em larga escala, toda a trajetória da vida, não sendo preciso registrá-las. Mesmo assim, mantenha consigo diversos diagramas e perfis a serem preenchidos, só por via das dúvidas.

Se não estiver se sentindo confiante antes de uma leitura, volte ao diagrama do começo do capítulo e destaque em vermelho as linhas mais relevantes e os principais montes da mão. Volte aos capítulos 1, 2, 3 e 5, e, depois, para cada área fundamental da mão, escreva algumas palavras em um pedaço de papel a fim de relembrar os significados dos pontos principais. Na dúvida, use sempre o bom senso. Lembre-se de que uma linha ondulada ou pálida é claramente menos dinâmica que uma linha forte e bem demarcada. Releia sua lista e seu diagrama até que se sinta familiarizada com as posições e os significados básicos.

Com a mão passiva, as coisas funcionam de forma reversa. Contudo, você logo será capaz de adquirir um senso de intuição instantâneo sobre o que é relevante e deve ser considerado durante a leitura. Com a prática, você acrescentará tudo que aprendeu — dedos, marcas, linhas sutis e anéis —, embora não precise interpretar todos esses elementos, a menos que opte por trazer à tona a trajetória completa da vida de seu consulente.

Comece a leitura de forma intuitiva, sentindo as energias, mesmo que já se sinta confiante com todos os significados da leitura. Fale com o consulente. O diálogo é a chave.

- Mova os dedos ou o pêndulo, gentil e lentamente, sobre ou acima das linhas e dos montes da mão ativa, começando pelas linhas do coração, da cabeça, da vida e do destino. Então direcione-se para outras linhas e montes que achar relevantes. Recapitulando, quando o pêndulo balança para a frente e para trás, isso significa atividade e energia; quando fica imóvel, representa um bloqueio; energias excessivas podem ser reveladas por meio da sensação de uma torrente energética nos dedos, ou por movimentos que se alternam entre círculos horários e anti-horários do pêndulo; círculos anti-horários sempre refletem energias negativas.

- Concentre-se especialmente na sensação despertada pelas energias, podendo ser: um formigamento agradável, um bloqueio, ou áreas mortas nas linhas ou na palma da mão nas quais você não sentirá nada. Em uma escala de 1 a 10, avalie a intensidade de cada uma delas.

- Se a palma da mão estiver entrecruzada por um fluxo gentil de eletricidade, isso é um indicativo de que todos os aspectos estão em harmonia.

- A presença de bloqueios pode indicar um obstáculo temporário, algo que às vezes pode ser autoimposto ou indicar um período necessário de espera. Seus instintos lhe dirão de qual caso se trata. Um bloqueio é uma fonte importante de energia que pode ser direcionada para mudanças.

- Se algumas áreas da palma lhe parecerem mortas ou adormecidas, questione (você mesma e ao consulente) o porquê. Elas podem indicar que um caminho específico, como o da carreira ou o do amor, findou-se no coração ou na mente, embora ainda esteja acontecendo no plano do real; ou que uma má experiência levou o consulente à falta de confiança, por isso seus talentos e sentimentos se atrofiaram. Esse não é um estado definitivo, portanto, com encorajamento, pode ser ressuscitado.

- Deixe o pêndulo de lado e estude, com a ajuda das lentes de aumento, o comprimento, a força e a continuidade das linhas.

- A ênfase está na área do coração ou da cabeça? A linha da vida oferece um depósito de energia ou demonstra exaustão e ansiedade? Você pode comparar o que sente e vê na mão ativa com a mão passiva e analisar que recursos estão disponíveis e podem ser manifestados na mão ativa. Lembre-se de informar o consulente sobre eles.

- Que montes são salientes e quais são subdesenvolvidos? Por quê? Eles são diferentes na mão passiva?

- Há muitas marcas ou linhas de viagem ou de família presentes na palma? Elas se interconectam?

- O que não se encontra na mão ativa, mas está presente na mão passiva e pode ajudar o consulente? Há algum tridente na mão passiva que ainda não foi explorado? Um monte da Lua desenvolvido e forte, repleto de potência intuitiva, está presente na mão passiva? Uma poderosa linha da cabeça foi negligenciada no mundo real, de forma que todos esses pontos fortes passaram despercebidos e não estão sendo canalizados?

- Que sugestões para ações futuras podem ser feitas levando em consideração a combinação entre o potencial e o real?
- Guarde a cópia do diagrama das mãos e repita a leitura em três ou seis meses. Você ficará maravilhada com as mudanças.

LEITURA DE MÃOS PARA CASAIS

Pergunte a cada uma das pessoas, separadamente, o que elas mais desejam saber. É possível que elas tenham perspectivas diferentes de suas vidas e do futuro. Inicialmente, faça leituras separadas, pois pode ser mais fácil acessar as questões, a menos que sejam jovens e estejam apaixonados. Sendo assim, você pode fazer uma sessão conjunta mais curta na qual mostrará todas as compatibilidades e diferenças presentes nas palmas das mãos deles, usando isso como base para propor soluções para o relacionamento. Talvez seja interessante usar uma caneta azul para marcar as linhas que se complementam e uma caneta vermelha ou preta para destacar as diferenças.

Não é preciso que o casal seja compatível em todos os aspectos, mas fique atenta a situações em que uma das pessoas é dominadora demais, enquanto a outra é gentil demais. No entanto, isso pode fazê-los felizes, uma vez que almas gêmeas não devem espelhar uma à outra, mas sim complementarem-se.

Uma linha da cabeça bastante forte em um dos parceiros pode ir bem com uma linha do coração aprofundada no outro, enquanto uma linha da cabeça intensa e uma linha do destino intensa podem trazer problemas, já que se tratariam de duas pessoas dominadoras; ou o portador de uma linha pálida e ondulada se relacionando com alguém de linhas marcadas e bem definidas pode indicar um relacionamento abusivo. Se uma das partes for recém-divorciada, por exemplo, pode ser possível encontrar marcas de grades e correntes na linha do coração, lugar onde o antigo parceiro ainda está causando efeitos, mesmo que o relacionamento tenha terminado. Parentes difíceis também aparecem de maneira semelhante, especialmente se eles preferirem o antigo companheiro em vez do atual. Ilhas trançadas, por sua vez, indicam tensões familiares que podem afetar o relacionamento amoroso.

As linhas do casamento ou do relacionamento, linhas finas que aparecem diagonalmente na lateral da palma, entre o começo da linha do coração e o dedo de Mercúrio, também devem ser comparadas, pois contém informações cruciais. Lembre-se sempre de que a linha mais longa sempre representa o relacionamento atual e deve ser nítida e bem demarcada, percorrendo o caminho da lateral da mão até a superfície da palma. Se essa linha for ausente, curta ou estiver partida, dê uma olhada na linha do coração da pessoa que porta essa conexão fraturada, dando uma atenção especial a marcas que possam indicar interferência externa ou um coração frio e distante. Além disso, confira o monte de Vênus de ambas as mãos, principalmente se o da mão ativa estiver vazio.

Também preste atenção na aparência da linha do casamento. Uma relação problemática, por exemplo, aparecerá como uma linha ondulada, fragmentada ou pontiaguda. Uma linha bifurcada pode indicar uma separação, mas isso é evitável com muito cuidado e muito tato. Nesses casos, o aconselhamento deve fazer parte da leitura e é altamente recomendado. Por outro lado, uma linha bastante sulcada costuma ser um sinal sólido de um laço duradouro, independentemente das dificuldades.

Agora, se achar relevante, observe as linhas dos filhos também, linhas finas verticais localizadas logo abaixo do dedo de Mercúrio, às vezes se sobrepondo às linhas do casamento. Compare a força ou ondulação dessas linhas e veja se enxerga problemas de custódia no futuro, planos para ter filhos ou, por outro lado, se estiver lendo para um casal que não tem filhos e pretende tê-los, se uma das partes parece relutante (linhas muito pálidas, ausentes, ou que não cruzem ou toquem a linha do casamento). Em um casal recém-casado, observe as linhas dos filhos para ver se descobre crianças de relacionamentos prévios. As linhas dos filhos podem se ramificar a partir da linha do casamento, indicando que os filhos são um problema, principalmente se vierem de outros parceiros, portanto, observe marcas de grades ou ilhas nas mãos do genitor da criança. Se a pessoa já tiver filhos, as linhas serão mais fortes do que as que indicam que ela virá a ter filhos.

Se estiver realizando a leitura para duas pessoas ao mesmo tempo, escolha as mãos ativas para checar todas as características, e, se problemas insuperáveis se tornarem aparentes, procure pelos fatores que tenham atraído uma pessoa para a outra na linha do coração e no monte de Vênus da mão passiva. Quanto mais jovem o casal, mais significativa será a mão passiva.

LEITURA DE MÃOS PARA ADOLESCENTES OU PARA DESCONTRAIR EM UMA FESTA

Esta é uma atividade divertida que pode ser realizada tanto em uma festa de pijamas quanto em uma confraternização no escritório. Nela, todas as pessoas devem apresentar fotos de suas mãos ativas, escolher um número de um chapéu, anotar o número atrás da foto, misturá-las, e então cada pessoa deve escolher uma para interpretar, sem saber a identidade da pessoa. Se desejarem, as pessoas também podem trazer fotos das mãos ativas de seus namorados ou cônjuges, acrescentando-os à interpretação do grupo. Cada participante deve ter sua própria lente de aumento.

Para facilitar, distribua o diagrama básico da leitura de mãos, marcando as linhas-chaves com caneta vermelha. Se desejar, também traga uma folha listando as linhas do coração, da cabeça, da vida, do destino, a linha de Apolo, que indica fama e sucesso, a linha do dinheiro, o monte de Vênus, para o amor, e o monte da Lua, para poderes psíquicos, e as linhas dos filhos, do casamento e de viagem, dizendo umas poucas palavras sobre o significado de cada uma delas (outra possibilidade é distribuir uma folha para cada pessoa). Em uma festa de escritório, você pode optar por acrescentar os montes de Júpiter e de Saturno à leitura, pois eles dizem respeito à carreira.

Cada um deve anotar suas próprias descobertas — no diagrama ou nessa folha. Em seguida, as pessoas devem se identificar conforme os resultados forem lidos, um a um.

ESTUDO DE CASO

Susanne, uma mãe solo de Londres, foi demitida de seu trabalho como designer e, por não ter uma rede de apoio que a ajude a cuidar de sua filha pequena, sente que tem poucas opções de trabalho, enquanto suas dívidas estão se acumulando. Que oportunidades, se é que há alguma, estão abertas a ela? Nesta leitura, foquei-me apenas na mão ativa, mas conferi alguns detalhes em sua mão passiva para responder a algumas perguntas específicas.

Para mim, a característica mais significativa de sua mão era a linha do destino muito falhada e irregular, repleta de marcas de grades e ilhas. Suas perdas e o medo do futuro já tinham deixado marcas. As ilhas indicavam o isolamento ocasionado pela perda do emprego, mas também, ironicamente, representavam um santuário em comparação com as pressões exaustivas de viajar a trabalho e cuidar da própria filha enquanto trabalhava em período integral.

Contudo, sua linha de Apolo, uma linha criativa, indicativo de boa sorte, está começando a se ramificar para as linhas da cabeça e do destino, seguindo na direção dos montes de Saturno e de Apolo, uma promessa de que seu lado criativo sempre será a saída para os seus problemas.

Susanne tem no monte da Lua, ainda que ele seja bastante pálido, um triângulo indicando poderes psíquicos e de cura, além de uma ainda mais fraca Cruz Mística entre as linhas da cabeça e do coração. Seu monte da Lua, embora não seja vibrante, é bastante desenvolvido, mostrando todos os sinais de que ela possui dons psíquicos. Quando perguntada, Susanne revelou que sempre foi bastante dotada no campo das artes psíquicas, mas que nunca desenvolveu suas habilidades. Neste momento, em uma breve olhada na mão passiva, pude notar dois triângulos claramente, ambos esperando para serem ativados.

Como se formou em design gráfico, todos os sinais pareciam apontar para a possibilidade de que ela combinasse seus talentos e passasse a projetar sites esotéricos como um negócio próprio, optando, também, por oferecer seus próprios serviços como vidente no site — um trabalho que poderia ser realizado de qualquer lugar. Em adendo, um monte de Mercúrio bem desenvolvido em sua mão ativa promete que, devido à sua versatilidade e inventividade, Susanne teria muito sucesso; além disso, com o ganho financeiro e a associação tecnológica, ela poderia até mesmo se especializar na área.

No entanto, a parte mais significativa e surpreendente para mim foi que as linhas de viagens presentes nas duas mãos eram mais nítidas na mão passiva. As linhas de viagens são linhas finas que podem tanto ser verticais quanto horizontais, iniciando-se na beirada da palma e seguindo em direção ao monte da Lua presente no dedo de Mercúrio, o mínimo. Elas eram muito bem definidas, indicando a oportunidade de viver e trabalhar no exterior. Mas onde? Perguntei a Susanne se ela pensava em fazer alguma mudança, pois Londres era uma cidade muito cara. Conforme fui apontando o que descobria na minha leitura, ela considerou a possibilidade de projetar os sites, embora não pensando no lado esotérico até que eu lhe mostrasse as marcas psíquicas.

Mas, sendo designer em um lugar no qual há tanta demanda tecnológica direcionada em negócios esotéricos, Susanne passou a considerar a possibilidade. No entanto, acima de tudo, ela estava preocupada em como pagar a hipoteca da casa enquanto se reestabelecia como web designer. Ela me disse que seus pais tinham um pequeno chalé na França, próximo à casa de fazenda na qual viviam, e que, quando seu relacionamento chegou ao fim, eles haviam oferecido o chalé para que ela morasse nele de graça. Na época, ela não havia considerado a proposta porque ainda estava trabalhando, focada em se tornar uma especialista em seu nicho. Entretanto, se optasse por iniciar seu novo negócio da França, ela poderia colocar seu apartamento em Londres para alugar, tendo assim um pé-de-meia para o futuro.

Quando conversei com Susanne novamente, seis meses depois, ela havia se mudado para a França com a filha e já estava trabalhando, não só como designer de sites esotéricos — para os quais havia uma *enorme* demanda —, mas também atendendo nos próprios sites. Na época, ela realizava consultas de tarô e de astrologia (uma paixão que tinha sido abandonada), tanto presencialmente quanto on-line. Além disso, sua filha estava se beneficiando do convívio diário com os avós, dos quais eram vizinhas.

Com esse exemplo, podemos afirmar que uma leitura de mãos pode confirmar a validade de planos que tenham sido desconsiderados como impraticáveis ao revelar pontos fortes e possibilidades que não foram considerados, sendo muitas vezes representadas com mais clareza na mão passiva.

BEBÊS E A QUIROMANCIA

Os recém-nascidos já têm muito bem definidas suas linhas da vida, do coração, da cabeça e do destino. Além disso, possuem outras linhas, como a linha criativa de Apolo, um rascunho básico; e uma linha da intuição, principalmente se o bebê estiver constantemente sorrindo — para os anjos, as fadas e seus ancestrais falecidos. No entanto, nesses primeiros estágios da vida, as duas mãos são quase iguais.

Já nas primeiras semanas de vida é possível perceber se a linha da cabeça (do pensamento lógico) é mais forte, mais longa e mais profunda que a linha do coração (das emoções) e se o bebê tem uma linha criativa poderosa. Esses primeiros sinais representam o potencial de vida do bebê; se a cada seis meses você estudar como as linhas estão se desenvolvendo, poderá monitorar a evolução da mão ativa do seu filho (as diferenças nas linhas das palmas devem estar mais nítidas a partir dos 2 ou 3 anos de idade). Você pode descobrir se um pouco mais de criatividade será necessário, se o seu bebê se beneficiaria de mais histórias para despertar a imaginação ou se já está pronto para brincar com brinquedos matemáticos. Uma criança proativa e determinada terá uma poderosa linha da vida e do destino. A linha da vida representa toda a energia acumulada (bebês especialmente glutões podem ter linhas da vida muito nítidas) e uma criança ativa continuará a manifestar uma forte linha da vida por toda a infância. De fato, com o passar dos anos, e muitas atividades ao ar livre, essa linha continuará florescendo.

Você também pode visualizar tendências competitivas em uma linha reta do destino que se direcione para o dedo de Júpiter. Contudo, pode ser que nas gerações futuras, levando em consideração a ênfase em estímulos tecnológicos, vejamos muito mais força nas linhas da cabeça e nos montes de Mercúrio que nas gerações anteriores.

Com o crescimento do bebê, você pode descobrir que esses traços iniciais nas palmas das mãos ainda seguem o mesmo formato. Registre fotos das palmas do seu filho e guarde-as em um baú de memórias do bebê.

O PAPEL DA QUIROMANCIA NA VIDA

A quiromancia não só é a forma mais fácil e portátil de adivinhação, como também de planejamento de vida, uma vez que se encaixa perfeitamente com aconselhamento, mentoria, coaching, e também ajuda a entender melhor os amigos e familiares, além de descobrir talentos escondidos e possíveis desafios.

Então aproveite este livro, obtenha dele tudo que desejar, e talvez revisite-o a fim de se aprofundar em todos os detalhes quando estiver se sentindo confiante o suficiente para praticar a leitura intuitiva das palmas. Se você for uma curandeira, pode adicionar a cura e limpeza das palmas das mãos em outros processos terapêuticos.

Lembre-se de que somos nós mesmos que moldamos o nosso destino. Nada é definitivo e estático; com o mapa da vida estampado em suas mãos, você é capaz de planejar a sua própria rota, evitando obstáculos no caminho e, acima de tudo, explorando os fascinantes tesouros dos seus potenciais ocultos que estão aguardando para serem desvelados.

ÍNDICE REMISSIVO

A

adolescentes, leitura para, 118, 119
anel/cinturão de Vênus, 53, 54
anel de Salomão/Júpiter, 53
Apolo, dedos e falanges, 85, 86, 88
Apolo, linha de (do sol/sucesso), 39, 50, 51
Apolo, monte de (do sol), 67
autoanálise contínua, 11

B

bebês, quiromancia e, 121, 122
bracelete (rascetas), 58, 59

C

casais, leitura de mãos para, 116, 117, 118
casamento/relacionamento, linha do, 56, 57
círculos unidos, 99
começando na quiromancia, 7, 8, 9, 10, 11, 12, 13, 14, 15
   entendendo energias do consulente, 9, 10
   registrando e revendo descobertas, 11, 14
   toque, mão do consulente, 8
   visão geral, 7, 8, 9, 10, 11, 12, 13, 14, 15
coração e cabeça, linhas, 17, 18, 19, 20, 21, 22, 23, 24, 25, 26, 27, 28, 29, 30
   aprendendo a ler, 18, 19
   formando uma linha (prega simiesca), 19
   indicações de linhas profundas/superficiais, 19
   informações gerais sobre, 18, 19
   linha da cabeça, características, formação e significados, 17, 25, 26, 27, 28
   linha do coração, características, formação e significados, 17, 21, 22, 23, 24
   linha temporal, 29
   localização e direções de leitura, 17
   percebendo a relação entre linhas e montes, 18
   trabalhando com, 30
correntes, elos de, 99
cristais, para energia da palma, 61
cruzes, 102

D

dedos, 81, 82, 83, 84, 85, 86, 87, 88, 89, 90, 91, 92, 93, 94, 95
   desenvolvendo habilidades de leitura, 93
   inclinação dos, 88
   polegar e falanges, 89, 91
   tipos de (Júpiter, Saturno, Apolo, Mercúrio), 83, 84, 85, 86, 87
   visão geral sobre, 81, 82, 83
destacando linhas/marcas, 11
diagramas das mãos
   autoanálise contínua, 11, 14
   desenhando, 30
   linhas, 34, 35
   montes, 20
   registrando em um diário, 14
diário, registrando em um, 14
dinheiro, linha do, 54

E

energias
   das palmas, fortalecendo e equilibrando, 60, 61
   do consulente, 9, 10
   leitura intuitiva e, 113, 114, 115, 116
   pêndulo para equilibrar e desbloquear, 76, 77, 78
especialista, tornando-se, 15
espigas, 104
estrelas, 103, 104
estudo de caso, 119, 120, 121

F

festas, leituras em, 118, 119
filhos, linha dos, 57, 58, 117, 118

G

grades, 102, 103

H

história da quiromancia, 111

I

ilhas, 100
inclinação dos dedos, 88
intuição, linha da linha, 52
intuição, usando a, 43, 60, 76, 77, 78, 93, 94, 113, 114, 115, 116

J

Júpiter, anel de, 53
Júpiter, dedos/falanges, 84
Júpiter, monte de, 65

L

leituras
    abordagem criativa em, 46
    básico para aprender, 18
    bebês e, 121, 122
    chave do sucesso, 12
    completa, 113
    confiar em si, 12
    criando e expandindo perfis, 93, 94, 108
    estudo de caso, 119, 120, 121
    intuitiva, 113, 114, 115, 116
    para adolescentes ou em festas, 118, 119
    para casais, 116, 117, 118
    para mudanças positivas, 45
    refinando métodos e percepções, 15
    registrando em um diário, 14
lentes de aumento, 11, 49, 115

linhas
    acentuando com talco, 11
    como caminhos da vida, 18
    destacando, 11
    diagramas, 20, 35
    estudando com lentes de aumento, 11, 49
    indicações de linhas profundas/superficiais, 19
    informações gerais sobre, 18, 19
    lentes de aumento, 115
    número de, facilidade/estresse na vida, 19
    variações entre as mãos, 19
linhas, outras
    anel/cinturão de Vênus, 53, 54
    anel de Salomão/Júpiter, 53
    da intuição, 52
    da saúde (Mercúrio), 51
    de Apolo/do sol/sucesso, 39, 50, 51
    de Marte, 54
    de viagens, 55
    do casamento/relacionamento, 56, 57
    do dinheiro, 54
    dos filhos, 57, 58, 117, 118
    rascetas (braceletes), 58, 59
    via lasciva, 56
    visão geral sobre, 49
linha temporal
    linhas da vida e do destino, 43
    linhas do coração e da cabeça, 29
Lua/Luna, monte da, 74, 119, 120

M

mão ativa
    comparação entre mão passiva e, 13
    definição, 9
mão passiva
    definição, 9
    diferenças entre mão ativa e, 13, 14
mãos
    ativas, definição, 9
    como porta de entrada para a alma, 13
    diferenças entre, 13, 14
    energia das, fortalecendo e equilibrando, 60, 61
    passiva, definição, 9
    poder do toque e, 8
    segurando a mão do consulente, 9, 10
marcas nas palmas das mãos, 97, 98, 99, 100, 101, 102, 103, 104, 105, 106, 107, 108
    cura e modificação das, 107
    expandindo o perfil de leitura, 108
    leituras adicionando, 106, 107
    marcas específicas, 98, 99, 100, 101, 102, 103, 104, 105
    visão geral sobre, 97, 98
Marte
    linha de, 54
    monte de, 70, 71
    planície de, 72, 73, 74
    sobre, 69, 70
materiais necessários, 11
Mercúrio, dedos e falanges, 86, 87, 92, 112
Mercúrio (linha da saúde), 51, 52

Mercúrio, monte de, 68, 69
montes
　como indicadores de características, 18
　da Lua/Luna, 74
　de Apolo/do Sol, 67
　de Júpiter, 65
　de Marte, e planícies, 70, 71, 72, 73, 74
　de Mercúrio, 68, 69.
　de Saturno, 66
　desenvolvendo suas habilidades de leitura, 76
　de Vênus, 75
　diagramas, 20
　firmeza dos, 63, 64
　identificando/localizando, 63
mudanças positivas, usando a quiromancia para, 45

P

pêndulo, para equilibrar e desbloquear energias, 77, 78
perfil, criando e expandindo, 93, 94, 108
pontos, 103
prega simiesca, 19
preocupação, linhas de, 101

Q

quadrados, 101
quiromancia
　autoanálise contínua, 11
　bebês e, 121, 122
　chave do sucesso, 12
　como um diálogo, 33
　confiar em si, 12
　história da, 111
　intuição e, 43, 60, 76, 77, 78, 93, 94, 113, 114, 115, 116
　materiais necessários para, 11
　na sua vida, 122
　o que é, 7, 8
　para mudanças positivas, 45
　poder do toque e, 8
　principal objetivo, 33
　refinando métodos e percepções, 15
　registrando em um diário, 14
　tornando-se especialista, 15
　usando de forma criativa, 46
　visão geral sobre, 7, 8

R

rascetas (braceletes), 58, 59
relacionamento/casamento, linha do, 56, 57

S

Salomão, anel de, 53
Saturno, dedos e falanges, 84, 85, 88
Saturno, monte de, 66
saúde, linha da, 51, 52
sol, monte do (de Apolo), 67
sucesso, chave do, 12

T

talco, acentuando marcas, 11
toque, poder do, 8
triângulos, 104, 105
tridentes, 105

V

Vênus, anel/cinturão de, 53, 54
Vênus, monte de, 75
viagens, linhas de, 55
via lasciva, 56
vida e destino, linhas
　aprendendo a ler, 18, 19
　diagramas pessoais, 34
　equilibrando, 44
　identificando/localizando, 34
　indicações de linhas profundas/superficiais, 19
　informações gerais, 18, 19
　linha da vida, características, formação e significados, 34, 35, 36, 37, 38
　linha do destino, características, formação e significados, 34, 38, 39, 40, 41, 42
　linha temporal e, 43

126

CASSANDRA EASON é psicóloga e uma das autoras mais prolíficas e populares de nossa época, escrevendo sobre todos os campos da espiritualidade e da magia. Ela também é palestrante e organiza workshops em todo o mundo sobre todos os aspectos do paranormal. Durante os últimos quarenta anos, escreveu mais de 130 livros, muitos dos quais foram traduzidos para vários idiomas, incluindo japonês, chinês, russo, hebraico, português, alemão, francês, holandês e espanhol. Eason tem cinco filhos e quatro netos, os quais considera sua maior alegria e conquista. Atualmente mora na Isle of Wight, na costa sul da Inglaterra. Saiba mais em cassandraeason.com

MAGICAE
DARKSIDE

MAGICAE é uma coleção inteiramente dedicada
aos mistérios das bruxas. Livros que conectam todos
os selos da DarkSide® Books e honram a magia
e suas manifestações naturais. É hora de celebrar
a bruxa que existe em nossa essência.

DARKSIDEBOOKS.COM